PETER OSTEROP

ANTWORT AUF DIE AKTUELLE WELTKRISE

Vermeidung neuer Krisen

Meiner Frau Dagmar
mit Liebe gewidmet

PETER OSTEROP

ANTWORT AUF DIE AKTUELLE WELTKRISE

Vermeidung neuer Krisen

(eine kritische ökonomisch-politische Analyse
des aktuellen Weltgeschehens)

Bibliografische Information der Deutschen Nationalbibliothek:
Die Deutsche Nationalbibliothek verzeichnet diese Publikation
in der Deutschen Nationalbibliografie;
detaillierte bibliografische Daten sind im Internet über
http://dnb.d-nb.de abrufbar.

Satz, Umschlaggestaltung, Herstellung und Verlag:
Books on Demand GmbH, Norderstedt, Deutschland

ISBN: 978-3-8423-9670-8

DANKESWORT

*Mein besonderer Dank gilt Gaby und Ditmar
für ihre kritische Durchsicht meines Manuskriptes
sowie Samira für die computermäßige Bearbeitung.*

Inhaltsverzeichnis

TEIL I:
URSACHEN DER WELTKRISE

Karl Marx, so viel ist sicher, wäre von der weltweiten Krise des Kapitalismus, die heute ganze Länder und Volkswirtschaften an den Rand des Ruins treibt, nicht überrascht worden.

Bereits 1848 schrieb er:

> »Die moderne bürgerliche (heute: kapitalistische) Gesellschaft, die so gewaltige Produktions- und Verkehrsmittel hervorgezaubert hat, gleicht dem Hexenmeister, der die unterirdischen Gewalten nicht mehr zu beherrschen vermag, die er heraufbeschwor.«

Karl Marx gehört neben Sigmund Freud, Friedrich Nietzsche und Max Weber zu den größten Denkern in der Epoche des europäischen Bürgertums.

VORWORT

Warnungen hat es genug gegeben. Warnungen, dass eines Tages der amerikanische Immobilienboom enden werde. Auch Warnungen vor dem Handel mit riskanten Hypotheken und Krediten, den sogenannten Subprime-Krediten. Doch solange die Gewinne sprudelten und die Amerikaner im Kleinen wie im Großen ihren Wohlstand mit immer neuen Schulden finanzieren konnten, fanden diese Warnungen weder in den USA noch in Europa oder Asien Gehör. Erst am 15. September 2008, als die Bush-Regierung sich weigerte, die große Investmentbank Lehman Brothers vor dem Konkurs zu retten, änderte sich dies schlagartig.

IMMOBILIENMARKT

Die Blase auf dem amerikanischen Immobilienmarkt war der Ursprung der amerikanischen Immobilien- und Finanzkrise (Subprimes), die sich in wenigen Monaten zu einer weltweiten Finanz-, Wirtschafts- und später Sozialkrise ausdehnte, um schließlich in der seit dem Zweiten Weltkrieg schärfsten Rezession zu enden.

KÄUFER

Millionen Amerikaner glaubten, dass sich das Steigen der Immobilienpreise unbegrenzt fortsetzen würde. Wegen der Knappheit des Bodens, der zunehmenden Bevölkerung und wegen des wachsenden amerikanischen Wohlstands und somit erhöhten Nachfrage nach Immobilien müssten die Häuserpreise ständig steigen, vermuteten die Käufer.

Liegenschaften wurden oft ohne Eigenkapital, Garantien oder Sicherheiten ver- und gekauft. Und die amerikanischen Banken schreckten vor der Vergabe von Hypotheken bis zu 110 Prozent des Verkehrswerts nicht zurück. Die meisten Hypotheken waren zudem mit variablen Zinssätzen und einer Beschränkung der Haftung des Hypothekennehmers auf den Wert der Liegenschaft ausgestattet.

Die in der Wirtschaftstheorie vorherrschende Annahme, dass Wirtschaftssubjekte – eingeschlossen amerikanische Immobilienkäufer und Verkäufer – voll rational handeln würden, so dass man Finanzmärkte sich selbst überlassen könnte, ohne dass es zu schwerwiegenden Ungleichgewichten kommen kann, hat sich mit der aktuellen Krise einmal mehr als falsch erwiesen.

Nichtsdestoweniger sollte die Frage der Eigen- und Mitverantwortung der Käufer gestellt werden. Sollen und müssen Käufer sich nicht vollumfänglich über Vor- und Nachteile sowie Risiken eines variablen Zinssatzsystems oder 110-prozentige Hypotheken erkundigen? Kann man Millionen von erwachsenen Käufern aus der Eigenverantwortung entlassen, nur weil ein Finanzsystem (Hypotheken / Kredite …) und deren eventuelle Folgen relativ schwierig zu verstehen sind? Auf jeden Fall sind auch viele Immobilienkäufer und -verkäufer Mitverursacher und demnach mitverantwortlich an der heutigen Krise.

US-ZENTRALBANK

Als dann die amerikanische Zentralbank den Leitzins innerhalb kurzer Zeit mehrmals erhöhte, verdoppelten sich die Hypothekenzinsen mit dramatischen Folgen für Millionen Hausbesitzer. Weil sie die hohen Schuldzinsen (und Amortisationen) nicht mehr zahlen konnten, wurden die Häuser oft zwangsenteignet und von den Banken auf dem Immobilienmarkt zum Verkauf angeboten. Die ehemaligen Eigentümer fanden sich dann mit ihrer Familie auf der Straße wieder oder gaben der Bank den Hausschlüssel zurück, um anderswo billiger zur Miete zu wohnen.

Da es sich um Millionen von amerikanischen Familien handelte, fielen die Häuserpreise während längerer Zeit stark ab. Zudem stagnierte die Nachfrage auf dem Immobilienmarkt, und die meisten angebotenen Häuser konnten nicht mehr verkauft werden, was der Abwärtsdruck auf die Liegenschaftenpreise noch verstärkte.

Die Leitzinspolitik der FED (US-Notenbank: Federal Reserve) mit ihrem damaligen Präsidenten Mr. Greenspan trägt eine erhebliche Mitschuld an der weltweiten Finanzkrise.

Aber nicht nur die Leitzinspolitik der Federal Reserve, sondern auch die ständige Ausweitung der Geldmenge (M3) des US-Dollars spielte bei der Entstehung der Finanzkrise eine große Rolle. Die FED stellte immer wieder zusätzliches und vor allem billiges Geld zur Verfügung und die Wall-Street-Banker benutzten dieses Geld, um zum Teil riskante Spekulationsgeschäfte zu tätigen. Ohne die ständige Ausweitung der Geldmenge M3 hätte nach aller Wahrscheinlichkeit eine Spekulationswelle wie die im Immobiliensektor der Vereinigten Staaten von Amerika nicht entstehen können.

BANKEN

Viele amerikanische Banken kamen dadurch in große finanzielle Schwierigkeiten. Schließlich fügten sich die Banken selbst den größten Schaden zu. Die Höhe ihrer aufgenommenen Kredite und Darlehen, um die Immobilienhypotheken (für Häuser, Gewerbe, Industrie und Staat) zu finanzieren, war im Vergleich zu ihrem Eigenkapital viel zu hoch.

Zu all dem kauften amerikanische Banken jahrelang ungesicherte Hypotheken in astronomischer Dollar-Höhe ein und bündelten sie in hypothekenbesicherte Wertpapiere. Diese Wertpapiere wurden anschließend in großen Mengen verkauft und ins Ausland exportiert. Die erwerbenden Finanzinstitute im Ausland haben zusätzlich die Wertpapiere noch überbewertet.

Die sogenannten »Subprimes« waren / sind Kreditverbriefungen, welche Kredite wie beispielsweise ungesicherte Hypotheken mit einem besonders hohen Risiko (US-Ramschanleihen oder sogenannte toxische Wertpapiere) bündelten, anschließend aufspalteten und an in- und ausländische Finanzinstitute weiterverkauften.

Niemand bezweifelt heute, dass die Bankenindustrie in den Vereinigten Staaten versagt hat und eine erhebliche Mitschuld an der weltweiten Finanz- und Wirtschaftskrise trägt.

RATING-AGENTUREN

Die Rating-Agenturen, deren Bewertung der Wertpapiere wie etwa Subprimes mit AAA (höchster Bewertungsstufe = Bonität) zum größten Teil auf zu positiven, gar rosigen Annahmen beruhten und nicht auf sogenannten Worst-Case-Szenarien, tragen an dieser Überbewertung und somit an der weltweiten Finanz- und Wirtschaftskrise in hohem Maße eine Mitschuld.

HEDGEFONDS

Jahrelang waren die Hedgefonds-Akrobaten die Könige im weltweiten Finanz-Monopoly, ob an der Wall Street in New York, in der City of London oder im fernen Shanghai, in Hongkong oder Tokio.

Es waren jene Finanzjongleure, die mit gewaltigen Krediten auf Aktien, Obligationen, Währungen und Rohstoffe wetteten. Sowie jene Finanzmanager, die fähig waren und vielleicht wieder sind, Milliardengewinne zu kassieren, wenn die Weltwirtschaft boomt, aber auch wenn sie in eine Rezession schlittert. Die Zahl der weltweit tätigen Hedgefonds wuchs seit 1990 von 600 auf rund 9000 im Krisenjahr 2008.

Die Hedgefonds kontrollierten die geschätzte Summe von 1.700 Milliarden US-Dollar. Eine ungeheure Summe Geld, mit der man sehr viel zusätzliches Geld verdienen, aber weltweit auch viele Probleme verursachen kann, wenn man das Maß aus den Augen verliert.

Die Großanleger (Pensionsfonds / Versicherungen / Private Investoren …) mit hunderten von Milliarden US-Dollar und Banken mit Großkrediten ohne große Sicherheiten hielten die Geldmaschine der globalen Hedgefonds am Laufen.

Die Hedgefonds garantierten bis zur Krise Traumrenditen, weshalb viele Investoren mitmachen wollten. Um diese Traumrenditen zu erwirtschaften, waren die Hedgefonds gezwungen, an den globalen Börsen und Finanzmärkten rund um die Uhr mit unvorstellbar hohen Geldsummen zu spekulieren mit den uns bekannten dramatischen Folgen für das gesamte globale Finanz- und Wirtschaftssystem.

REVISIONS- und TREUHANDGESELLSCHAFTEN

Die vor Ort tätigen Bücher- und Wirtschaftsexperten, Revisoren und Inspektoren sowie weitere Kontrollorgane sind genügend gut ausgebildet, um Unzulänglichkeiten in Buchhaltungs-, Finanz-, Bilanz- und Bewertungssystemen festzustellen.

Liegen geprüfte, unterschriebene und beglaubigte Revisions-, Zwischen- oder Abschlussberichte vor, mit unrichtigen oder wahrheitswidrigen Angaben bezüglich Buchhaltung, Jahresrechnung, Ordnungsmäßigkeit der Buchführung oder Nichteinhaltung der gesetzlichen und statutarischen Grundsätze bei der Darstellung der Vermögenslage und des Geschäftsergebnisses sowie bei den Bewertungen der Wertpapiere, Hypotheken, Kredite und so weiter, so kann und muss die zivil- und möglicherweise strafrechtliche Verantwortlichkeitsfrage gestellt werden.

Zudem sollte abgeklärt werden, ob »lediglich« Schaden für den Abschlussprüfer oder ebenfalls für die geprüften Unternehmungen und sogar für die gesamte Volkwirtschaft wenn nicht Weltwirtschaft entstanden ist, was eine weitere Ursache der aktuellen Krise sein könnte.

AUFSICHTSBEHÖRDEN

Viele Beobachter der weltweiten Finanzszene glauben, dass die fehlenden Fesseln für die Banken auch darauf zurückzuführen sind, dass die Aufsichtsbehörden im In- und Ausland versäumt haben, ihre Möglichkeiten und Macht zu nutzen, die Banken und Finanzinstitute einer strengeren Kontrolle zu unterziehen.

Die neuen Vorgaben von Basel II (Schweiz) für die Regulierung von Banken und Finanzinstituten stützen sich zum größten Teil auf die Selbstregulierung der Märkte, was schon in sich ein Widerspruch ist. Die aktuelle Krise ist der eindeutige Beweis dafür, dass die Selbstregulierung der Finanzmärkte in den vergangenen Jahren nicht funktioniert hat.

Da die Aufsichtsbehörden des Öfteren einem Ministerium beziehungsweise einer Regierung oder der Zentralbank unterstehen, sollte die mögliche Mitverantwortung an der aktuellen Weltkrise sowohl der

Aufsichtsbehörden als auch der entsprechenden Ministerien oder weiterer Zentralbanken (vgl. oben: Zentralbank der USA) untersucht und die Resultate bekanntgegeben werden.

POLITIKER / PARLAMENTARIER

Die sich im Amt befindenden Spitzenpolitiker wie Gordon Brown (GB), Angela Merkel (D), Wladimir Putin (Russland), Nicolas Sarkozy (F), Silvio Berlusconi (I), José Luis Rodriguez Zapatero (Sp) und Brasiliens Präsident Luiz Inacio »Lula« da Silva und gar Barack Obama (USA) und so weiter fanden viele Monate lang nicht genügend strenge und sogar scharfe Worte, um Wall Street in New York, City of London, Trader, Spekulanten, Bankiers, Manager und Grands Patrons zu geißeln.

Die Rede war von »unkontrollierten Finanzmärkten«, von »Golden Boys of Wall Street«, von »nicht geregelten Finanzsystemen und Geldströmen«, von »ungenügenden und fehlenden Regeln und Gesetzen für die internationalen Börsen«, von »undurchsichtigen Steuerparadiesen« …

Krisen, besonders Weltkrisen verleiten oft dazu, hemmungslos Schuldzuweisungen zu verteilen, um von den eigenen Fehlern und Mitverantwortung abzulenken.

In der Retrospektive müssen Parlamentarier und auch Politiker jedoch folgende Fragen beantworten: Wer ergreift jeweils die Initiative, überprüft und verabschiedet Regeln und Gesetze, wer führt sie in die gesellschaftliche Realität ein und wer kontrolliert deren korrekte Anwendung (auch die Regeln und Gesetze im weltweiten Finanzsystem, an den globalen Börsen und auf den Finanz- und Kapitalmärkten gehören dazu), wenn nicht Politiker und Parlamentarier und die von ihnen abhängigen Institutionen und Kommissionen?

Und wieso war keine der Regierungen (= Politiker) in der Lage, die auf uns zurollende Krise rechtzeitig zu stoppen? Sogar die weltweit tätigen Institutionen wie etwa die WTO (Welthandelsorganisation) mit ihrem Chef, dem Franzosen Pascal Lamy und der IWF (Internationaler Währungsfonds) mit seinem Chef, dem Franzosen Dominique Strauss-Kahn sahen sich trotz langjähriger Erfahrung außer Stande, die globale Finanz-, Wirtschafts- und Sozialkrise zu vermeiden oder rechtzeitig aufzuhalten.

Außerdem entstand am Anfang der Weltkrise der Eindruck, dass Politiker die globale Dimension der Krise einfach unterschätzt hatten und die europäischen Kollegen zudem ernsthaft glaubten, der westeuropäische Wirtschaftsraum könne sich von den USA unabhängig verhalten. Aufgrund dieser Fehleinschätzungen wurde sehr viel kostbare Zeit, um Abwehrmaßnahmen einzuleiten, verloren.

Überdies klappte am Anfang die Zusammenarbeit auf internationaler Ebene trotz verschiedener G-Gipfel und vieler Berichte nur mangelhaft, wenn überhaupt. Die einzelnen Länder bzw. Regierungen reagierten vorerst allein, zögernd und viel zu spät.

NACHTRAG:
Laut einer von GlobeScan Anfang 2010 durchgeführten Umfrage in 22 Ländern sind nicht die Banken oder die USA Hauptschuldige an der aktuellen Weltkrise, sondern die Regierungen. »Les principaux responsables de la crise ne sont ni les banques, ni les Etats-Unis … mais les gouvernements, selon une étude réalisée par GlobeScan dans 22 pays. Lesechos.fr/info«

IWF (INTERNATIONALER WÄHRUNGSFONDS)

Während die USA, Europa oder Japan in einer Krise oder Rezession antizyklische Konjunkturmaßnahmen (etwa durch Steuersenkungen, damit mehr konsumiert und investiert wird, oder Ankurbelungspakete für Unternehmen und Wirtschaft) ergreifen, der Internationale Währungfonds in den letzten Jahren jedoch eine prozyklische Wirtschaftspolitik (etwa die staatliche Ausgabenbegrenzung oder die Anhebung von Steuern und Zinssätzen) der Entwicklungsländer verlangte, floss und fließt in Krisenzeiten das notwendige Kapital aus den Entwicklungsländern ab. Dies verschärft zusätzlich die weltweite Finanz-, Wirtschafts- und Sozialkrise und verursacht eine erhöhte Instabilität auf den internationalen Märkten.

GEWERKSCHAFTEN

Die Gewerkschaften sind grundsätzlich regional beziehungsweise national organisiert. Dies bedeutet, dass sie bei der Entstehung der aktuellen Weltkrise keine (große) Rolle gespielt haben. Auch die Gewerkschaften waren nicht im Stande, die globale Krise zu bremsen oder gar zu stoppen.

Da eine globale Krise eine globale Lösung verlangt, werden die Gewerkschaften auch in diesem Fall keine entscheidende Hilfe anbieten können (vielleicht eine konsultative Unterstützung bei der Entscheidungsfindung).

SCHLUSSFOLGERUNGEN

Die heutige Finanz- und Wirtschaftskrise ist zwar historisch einzigartig, ähnelt in ihren Mustern aber durchaus den Weltwirtschaftskrisen des 19. und 20. Jahrhunderts (vgl. Teil III: Chronik der wichtigsten Weltwirtschaftskrisen).

Adam Smith (1723 – 1790; schottischer Moralphilosoph und Begründer der klassischen Nationalökonomie) hat das Konzept des freien

Wettbewerbs (Teil des Kapitalismus) begründet, aber in seiner Schrift »Theory of Moral Sentiments« von 1759 deutlich darauf hingewiesen, wie Gier und Entartung der Eigenliebe zu einer Krise führen können, wie wir sie heute erleben. Smith hat außerdem festgestellt, dass funktionierende Märkte eine staatliche Regulierung und Kontrolle benötigen. **Die staatliche Regulierung und Aufsicht haben in der derzeitigen Weltkrise teilweise gefehlt. Deshalb kam es zu den Exzessen auf den Finanzmärkten. Der Markt und die Marktakteure haben versagt, aber der Staat auch.**

Die aktuelle Weltkrise hat in aller Deutlichkeit die menschlichen und systemischen Schwachstellen offengelegt. Nicht nur einzelne Personen oder Gruppen tragen die Verantwortung für das finanzielle, wirtschaftliche und soziale Debakel, sondern auch die Unfähigkeit der ökonomischen und politischen Führungselite, stabile Weltsysteme aufzubauen, zu überwachen und wenn nötig rechtzeitig zu korrigieren.

Was ist nun genau geschehen?

Einerseits das, was als tendenzieller Fall der Profitrate beschrieben wird: Mit der Zeit steigt der Kapitalaufwand im Verhältnis zu den Erträgen in der realen Wirtschaft, also etwa in der Automobil- und Chemieindustrie oder bei den Bauunternehmen. Andererseits versuchen die Akteure auf den Finanzmärkten und an den Börsen mit immer neuen Formen von Finanzinstrumenten und Produkten wie etwa Swaps, Zertifikate, Futures und Options oder CDOs (collateralized debt obligations, in denen Banken die extrem hohen Risiken bestimmter Hypotheken, sogenannter Subprime-Kredite, verschleiert und als sichere Kapitalanlage ausgegeben haben) weiterhin hohe, gar sehr hohe monetäre Renditen zu erzeugen. Sobald aber klar wird, dass die reale Wirtschaft mit diesen hohen Renditen nicht Schritt halten kann, werden die Finanzprodukte (Wertpapiere) wertlos, und es kommt zum Crash. Die Krise hält so lange an, bis die reale Wirtschaft wieder in Gang kommt.

Prognose für den Ausstieg aus der aktuellen Weltkrise: ab 2012

TEIL II:
ANTWORT AUF DIE WELTKRISE
und Vermeidung neuer Krisen

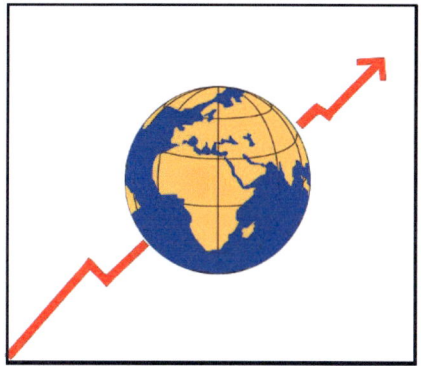

VORWORT

Nach der Suche einer Antwort auf die aktuelle Finanz-, Wirtschafts- und Sozialkrise müssen in diesem Buch unendlich viele Details unberücksichtigt bleiben. Es geht vielmehr um Grundgedanken und globale Lösungsansätze in Weltpolitik und Weltwirtschaft zur Bewältigung der aktuellen und Vermeidung neuer Krisen.

Zudem ist es für viele Leser, die keine politische oder wirtschaftliche Ausbildung und Erfahrung haben, wichtig, den Unterschied zwischen naiven und oft schwärmerischen Ansprüchen und machbaren Anforderungen an Wirtschaft und Politik zu verstehen.

GLOBALISIERUNG

Im Allgemeinen verstehen wir unter Globalisierung die Gesamtheit aller Volkswirtschaften bezüglich ihrer erbrachten Produktionsleistung und ihrer Wirtschaftsbeziehungen zueinander (gegenseitige Abhängigkeit der internationalen wirtschaftenden Einheiten, wobei die Eigentumsverhältnisse keine Rolle spielen, wohl aber die Globalität der Beziehungen). Die Wirtschaftsbeziehungen beruhen auf dem grenzüberschreitenden Kapital-, Zahlungs-, Personen-, Waren- und Dienstleistungsverkehr. Die grundsätzliche Verflechtung aller Länder (nahezu 230) bestimmt die Weltwirtschaft = Globalisierung.

Durch die wirtschaftliche Internationalisierung wird die Weltwirtschaft mit einem immer dichteren Netz von wirtschaftlich-finanziell-industriellen Handlungen durchzogen. Zahlreiche Unternehmen (große multinationale Konzerne, aber auch exportorientierte kleine und mittelgroße Firmen), die den wirtschaftlichen Internationalisierungsprozess vorantreiben, werden globale Strategien entwickeln, bei denen nationale Überlegungen und Rücksichten eine immer kleinere Rolle spielen.

Durch das Zusammenwachsen der nationalen Volkswirtschaften werden die bestehenden wirtschaftlichen Strukturen der einzelnen Staaten verändert. Es wird vermehrt auf weltweite Lösungen gesetzt. Dies verlangt ein erhöhtes Maß an internationale Solidarität und Akzeptanz unter Preisgabe mancher nationaler Ansprüche.

Besonders nationale und regionale Politiker, aber auch Gewerkschaften tun sich immer noch schwer, diese globale und nicht aufzuhaltende Entwicklung zu akzeptieren. Zu oft stehen staatliche Denk- und Verhaltensweisen der Politiker im Mittelpunkt und nicht globales Denken und Handeln.

Während zusehens der nationale Wirtschaftsraum durch den globalen ersetzt wird, bleiben viele Politiker im nationalen Denken verankert. Die Schere zwischen der technologischen und ökonomischen Globalisierung und politischer Handlungsfähigkeit und -bereitschaft öffnet sich unaufhaltsam weiter trotz Welt(wirtschafts)gipfel der G-4, G-7, G-8, G-14 oder G-20 und trotz »großer« und »historischer« Reden der selbsternannten »Weltpolitiker«.

Was heute Globalisierung genannt wird und uns als relativ neues, postmodernes Phänomen vorkommt, haben Marx und Engels bereits im Frühstadium der kapitalistischen Industrialisierung als Tatsache = Weltmarkt erkannt. Und Karl Marx hat zudem »die Allherrschaft des Geldes und die kapitalistische Globalisierung« verblüffend exakt vorausgesehen. Nicht zuletzt diagnostizieren sie die politischen Konsequenzen einer vollständig globalisierten Ökonomie: den unvermeidlichen Machtverlust der nationalen Regierungen und die Verwandlung der modernen Staatsgewalt in einen »Ausschuss, der die gemeinschaftlichen Geschäfte der ganzen Bourgeoisieklasse (heute: kapitalistischen Klasse) verwaltet«, die heute von den multinationalen Großunternehmen repräsentiert wird.

Nichts illustriert den letzteren Sachverhalt besser als die aktuelle Weltkrise, in der die nationalen Regierungen vorerst mehr oder minder hilflos dem machtvollen Diktat globaler technologischer und ökonomischer Prozesse ausgeliefert sind.

Die Hauptursache der aktuellen globalen Finanz- und Wirtschaftskrise kann nur die Globalisierung selber sein mit ihren globalen Akteuren und Systemen (vgl. Teil I: Ursachen der Weltkrise).

Kann und sollte die Globalisierung nun gestoppt oder gar rückgängig gemacht werden als Antwort auf die aktuelle Krise und zur Vermeidung neuer Krisen? Oder ist die Globalisierung unvermeidbar und sogar erwünscht?

Aufgrund der Erschließung neuer internationaler Handelswege im 16. und 17. Jahrhundert, der internationalen Arbeitsaufteilung durch die fortschreitende Industrialisierung der Wirtschaft des 18. Jahrhunderts, der rasanten Entwicklung der Eisenbahnen, Schiffe und Telegraphen im 19. Jahrhundert und schließlich aufgrund des liberalisierten Außenhandels und der einsetzenden Vereinheitlichung der internationalen Finanz- und Geldpolitik auf Basis der Goldwährung konnten die weltweiten Grundsysteme der Globalisierung gelegt werden.

Nach dem Zweiten Weltkrieg beschleunigte sich die Weiterentwicklung der Globalisierung. Die meisten Staaten wurden aktive oder passive Akteure der Weltwirtschaft. Weltweit entstanden riesige Produktions- und Absatzmärkte. Große Schwellenländer, wie beispielsweise China, dessen kommunistische Ideologie kein Hindernis war für den Eintritt in die kapitalistische Weltwirtschaft im Jahre 1978. China wurde und ist einer der Hauptakteure der Globalisierung.

In einem unvorstellbar rasanten Tempo wurden teilweise national-orientierte Ökonomien in die Globalökonomie hineinkatapultiert. Es entstand eine polyzentrische Weltwirtschaft. Und unterstützt durch globale Technologieprozesse wie etwa weltweite Informations- und Datenflüsse, Telefon und Telefax, Satellitenkommunikation, Internet, SMS, World Wide Web und so weiter, sowie die signifikante Verbilligung der Transporte von Personen, Produkten und Kapital entwickelte die Globalisierung bis zur aktuellen Weltkrise eine ungeheure, kaum mehr zu kontrollierende Eigendynamik.

Dass die Globalisierung Gewinner und Verlierer hervorbringt, ist unbestritten. Nach internationalen Schätzungen konnten rund 450

Millionen Chinesen dank der Globalisierung und in einem Zeitraum von nur rund 30 Jahren die Armut hinter sich lassen und in ein menschenwürdiges Leben eintreten. In Indien waren es rund 250 Millionen Menschen, Brasilien 100 Millionen und so weiter, die von der Weltwirtschaft profitierten.

Verlierer befinden sich mehrheitlich in den sogenannten hochindustrialisierten Ländern wie beispielsweise den Vereinigten Staaten von Amerika, Japan oder im europäischen Raum.

Länder, die mehrheitlich die Globalisierung aufgebaut und mitgeprägt haben, sehen sich zusehens neuen und potenziellen Mitbewerbern gegenüber. Die Verteidigung ihrer über Jahrzehnte erworbenen wirtschaftlichen und somit auch politischen Machtpositionen wird stets schwieriger.

Der Generation der heute Erwachsenen geht es, materiell gesehen, so gut wie keiner Generation bevor. Das ist ebenfalls das Verdienst der Globalisierung.

Eine Neuverteilung wirtschaftlicher und politischer Macht findet weltweit statt. Auch der Weltreichtum (Welt-BIP / Weltsozialprodukt) wird neu verteilt beziehungsweise umverteilt. Die großen Schwellenländer sind heute die größten Nutznießer der Globalisierung.

In den nächsten fünf bis sieben Jahren, so die Vorgabe der kommunistischen Führung in Peking, sollen trotz Weltkrise mindestens 50 Konzerne (Chinese Champions) in die Liga der 500 größten Weltkonzerne aufsteigen. Deshalb folgen die meisten chinesischen Manager der Großunternehmen dem Aufruf der Staats- und Parteispitze: »Zou chu qu« – frei übersetzt: »Schwärmt aus.« Richtung Westen, insbesondere nach Europa und Nordamerika. Aber auch Russland, Brasilien, Indien, Mexiko und Südafrika und manche mittelgroßen Schwellenländer waren und sind Nutznießer der globalen Entwicklung.

Kein Land kann diesen Weltprozess mehr aufhalten. Auch nicht eine selbsterwählte Neuisolation der größten Weltwirtschaftsmacht der Vereinigten Staaten von Amerika oder sozialistische nostalgische Bewegungen in Europa. Sogar eine theoretisch denkbare Opposition gegen den Kapitalismus und die Weltwirtschaft in Russland oder eine neue totalitäre Ideologie der chinesischen Partei- und Staatsführung mit Ablehnung des vor dreißig Jahren vom Staatspräsidenten Deng Xiaoping eingeführten Neo-Kapitalismus wäre fähig, den rasant fortschreitenden Globalisierungsprozess aufzuhalten oder gar rückgängig zu machen.

Ein Staat, der sich bewusst aus diesem globalen Prozess ausblenden und abseits stehen will, degradiert nicht nur sein Land, sondern auch seine Bürger zu einem drittklassigen ökonomischen und politischen »Entwicklungsstaat«. Ob die Bürger bereit wären, einen entsprechenden Rückwärtsschritt zu akzeptieren, muss ja wohl bezweifelt werden.

Als Antwort auf die aktuelle Weltkrise und zur Vermeidung möglicher neuer Krisen (im weitesten Sinne des Wortes) unter gleichzeitiger Erhöhung der Chancengleichheit für alle Weltbürger, sollten und müssten die nachstehenden Problemkreise auf Weltniveau nicht nur diskutiert, sondern auch innerhalb vernünftiger Zeit (je nach Problemkreis: 5–15 Jahre) konkret gelöst werden:

- **Das Gefälle zwischen Reich und Arm und Nord und Süd, von der Globalisierung eher verstärkt als abgeschwächt, muss signifikant abgebaut werden, um künftig größere wirtschaftliche und soziale Unruhen in vielen Teilen der Welt zu vermeiden.**
- **Multinationale Monopole und Oligopole, gebildet um nationale Konkurrenz auszuschalten, sollten vermehrt von internationalen Wettbewerbsbehörden auf konkurrenzverzerrende Aktivitäten untersucht und wenn nötig korrigiert werden.**

- Die durch die Globalisierung hervorgerufenen zusätzlichen Probleme wie etwa Schäden an der Natur, Verschmutzung der Flüsse und Meere, Vergiftung und Veränderung der Atmosphäre müssen dringend gelöst werden (vgl.: Globale Umweltpolitik).
- Die Globalisierung fördert und fordert zwangsläufig die Ausdehnung des weltweit tätigen organisierten Verbrechens, was unbedingt bekämpft werden muss.
- Finanzielle »Global Player«, die sogenannten Trader, aber auch Devisenspekulanten, oft mitverantwortlich für gefährliche weltweite Börsenprobleme (1929 / 1973 / 1983 / 1987 / 1993 / 2008: signifikante volatile Kursbewegungen / Kursabstürze / Crashs / Krachs … oder Währungsturbulenzen: Abwertung der britischen Währung und Ausscheidung aus dem Europäischen Währungssystem 1992), müssen vermehrt an internationale Regeln gebunden werden und bei Missachtung dieser Regeln entsprechend hart bestraft werden.
- Die internationalen und industrialisierten Agrarexporte müssen mit der auf Selbsterhaltung ausgerichteten Agrarwirtschaft in den Entwicklungsländern abgestimmt werden.
- Die durch die Globalisierung zusätzlich angeschobenen Immigrationsströme sollten rascher und pragmatischer auf Grundlage internationaler Vereinbarungen eingedämmt beziehungsweise national oder bilateral gelöst werden.
- Und so weiter.

GLOBALE POLITISCHE AKTIONEN

Es geht um den weltweiten Kampf gegen die schärfste Rezession seit dem Zweiten Weltkrieg. Es geht um finanzielle und wirtschaftliche Verluste in Billionen (tausende von Milliarden) von Dollar, Euro, Rubel, Yen … Es geht um mehrere Millionen neuer arbeitsloser Menschen rund um die Welt. Und es geht um neues Elend, neue Armut und Hoffnungslosigkeit, vor allem in den unteren sozialen Klassen der reichen Staaten und in den armen Entwicklungsländern.

Aber es geht auch um die globale wirtschaftspolitische Grundsatzfrage: Wie weit darf, wie weit soll und wie weit muss sich ein Staat oder eine Staatengemeinschaft in der aktuellen Weltkrise in die Wirtschaft einmischen? Könnte es sein, dass eine Regierung, wenn es um viele Arbeitsplätze und noch mehr Wählerstimmen geht, die Vorsicht aus den Augen verliert und Feuerwehreinsätze in Milliardenhöhe tätigt und sich dabei schlicht übernimmt (vgl. dazu: Staatsverschuldung)?

Unvermeidlich war es, nach dem »Fast«-Zusammenbruch des weltweiten Finanzsystems im September 2008 ausgelöst durch die Lehman-Brothers-Pleite (große amerikanische Investmentbank), den stockenden globalen Kapital-, Geld- und Kreditkreislauf mit Milliardenstützen und noch mehr Staats- und Interbankgarantien (Versprechungen) wieder flüssig zu machen. Die nationalen Unterstützungspakete für Verbraucher und Unternehmen scheinen richtig, aber unzureichend zu sein. Zudem werden in Not geratenen Großfirmen mit zusätzlichen Krediten und teilweise frischem Aktienkapital geholfen. Diese staatlichen Rettungsaktionen sind letztlich im Interesse der Steuerzahler, der Arbeitnehmer und Arbeitgeber, der Haushalte und der ganzen Volkswirtschaft. Überdies sind die Rettungsmaßnahmen eine der Hauptverpflichtungen der gewählten Regierungen.

Aber viele hunderttausende Unternehmungen, insbesondere KMU (Klein- und Mittelunternehmungen) werden weltweit in Konkurs gehen oder Insolvenz anmelden, und Millionen Arbeitsplätze werden in der Folge vernichtet mit dramatischen Konsequenzen für Arbeitnehmer und deren Familien.

28

Oben genannte wirtschaftspolitische Maßnahmen werden zu oft national beziehungsweise regional statt international oder gar global durchgeführt. Die Politiker sind dem regionalen und nationalen Wählervolk gegenüber verantwortlich. Das Eigeninteresse der einzelnen Staaten wird demnach höher eingestuft als jenes der Weltgemeinschaft, besonders in einer Krisenzeit und wenn viele Arbeitsplätze und Wählerstimmen (es geht ja schließlich auch um das politische Überleben der Politiker) auf dem Spiel stehen. Natürlich wird man dies nicht offen eingestehen und lautstark dem nationalen Protektionismus mit heftigen Worten den Kampf ansagen. Besonders dem Protektionismus der anderen Staaten.

Auch werden periodisch und medienwirksam sehr teure internationale Zusammenkünfte (Wirtschafts- und Politikgipfel) abgehalten in Form von G-4, G-5, G-7, G-8, G-13 und sogar G-20, (künftig vielleicht eine G-30 oder G-40?). Ob alle diese Gipfel künftige Weltkrisen vermeiden können? Vielleicht! Und welche Rolle spielt noch die UNO (United Nations Organization / Organisation der Vereinten Nationen) im weltweiten Spiel der Machtpolitiker? Der Generalsekretär der UNO Mr. Ban Ki-moon meinte eines Tages unbeeindruckt und ein wenig sarkastisch: »Aber ER ist der Präsident der G193« (Anzahl Mitgliedstaaten der UNO). Entsteht eine zusätzliche Konkurrenz unter den internationalen Institutionen zum Nachteil der Bürger?
Es scheint der Fall zu sein.

Außerdem erhält man den Eindruck, je dürftiger die konkreten Ergebnisse eines Gipfels, desto mehr Länder dürfen nachher an den Gesprächen teilnehmen. Ob Indonesien, Südafrika, Mexiko, Brasilien oder gar Ägypten (Mitglied des G-Gipfels ab 2011, eine neue Idee von Sarkozy!) durch ihre bloße Teilnahme an diesen Zusammenkünften weltweite Krisen lösen oder gar vermeiden können, wird in Fachkreisen mit größter Skepsis diskutiert und bezweifelt.

Stets mehr Weltbürger fragen sich:
Wieso reagieren die Politiker nur, statt zu agieren? Wieso laufen die Poltiker den Problemen fast immer hinterher, statt rechtzeitig die Initiative zu ergreifen? Wieso verschwenden manche Politiker ihre Zeit und unsere Steuergelder mit oft unnützen Gesprächen, Gipfeln, Sitzungen, Fernsehauftritten und internationalen Reisen, und wieso scheint für diese Berufsgattung oft die Befriedigung der persönlichen Profilneurose so eminent wichtig zu sein, statt Schwierigkeiten effizient, konkret und rasch im Interesse der Bürger zu lösen?

Sind die im Amt stehenden Top-Politiker überhaupt in der Lage, effiziente Weltpolitik zu betreiben, künftige Weltkrisen (im weitesten Sinne des Wortes) zu vermeiden oder die aktuelle globale Finanz-, Wirtschafts- und Sozialkrise optimal und innerhalb vernünftiger Zeit zu lösen? (Bereits 2007 wurden die ersten Krisenmeldungen rund um die Welt gesandt).

Einige Beispiele:

Barack Obama, Präsident der USA mit Popularitätswerten um 50 Prozent (November 2009) statt rund 75 Prozent am Jahresanfang, wird vier Jahre lang (Amtszeit eines USA-Präsidenten) versuchen, die hausgemachten Schwierigkeiten wie beispielsweise das ungenügende amerikanische Gesundheitssystem (rund 45 Millionen Amerikaner haben keine Krankenversicherung), die in den Vereinigten Staaten von Amerika angefangenen Subprimes-, Finanz-/Kredit- und Wirtschaftskrisen, die unvorstellbar hohe Überschuldung des Landes und die astronomischen Defizite im Staatsbudget und Staatshaushalt oder die sehr teuren Kriege in Afghanistan (Irak?) zu lösen. Keine Zeit für ihn, nebenbei eine effiziente Weltpolitik zu machen. Natürlich wird er überall große Reden halten und an die Verantwortung sämtlicher Führungspersönlichkeiten erinnern. Mit erstaunlichem Erfolg: Nicht mal neun Monate im Amt erhielt er bereits den begehrten Friedensnobelpreis für 2009. Wir Bürger indessen warten mit Neugier und Spannung auf die konkreten Resultate seiner (Friedens)politik.

Gordon Brown, Premierminister Großbritanniens mit Popularitätswerten auf dem tiefsten Stand seiner Amtszeit (Ende 2009), versucht krampfhaft sein politisches Überleben zu sichern und seine Partei zusammenzuhalten und leidet sehr unter dem »Spesenabrechnungsskandal« mancher Minister und Abgeordneten. Und die große Krise setzt ihm und seinem Land zusätzlich zu. Auch für ihn keine Zeit, konkrete Weltpolitik zu machen.

Silvio Berlusconi, Premierminister von Italien, ist momentan so stark mit seinen persönlichen Problemen, Skandalen und Affairen (Scheidung / Media / junge Frauen / Aufhebung seiner Immunität: am 07.10.2009 wurde Berlusconis Immunität vom höchsten Gerichtshof in Italien aufgehoben) und dem starken ökonomischen Rückgang seines Landes beschäftigt, um Zeit für eine intelligente und dauerhafte Weltpolitik zu finden.

Nicolas Sarkozy, Präsident von Frankreich mit Popularitätswerten auf der Achterbahn (November 2009: Nur noch 36 Prozent der Franzosen glauben an die Richtigkeit seiner Politik), versucht seit mehr als zweieinhalb Jahren, seine zahlreichen Reformen zu verwirklichen mit mäßigem Erfolg. Periodisch gehen Millionen Franzosen auf die Straße und demonstrieren gegen seine Politik. Jedes Jahr werden in Frankreich tausende von Autos in Brand gesetzt, weil anscheinend die Bürger mit ihrem Präsidenten und seiner Regierung unzufrieden sind.

Die Herren Sarkozy sowie Obama lieben die großen Reden. Nicolas Sarkozy schreckte sogar vor aggressiven Drohungen besonders den »kleineren« Staaten gegenüber (Schweiz / Luxemburg / Österreich / Andorra / Belgien / Cayman Inseln / Bahamas und so weiter bezüglich

Steuerparadiesen, Steuerflucht und -hinterziehung sowie Bankgeheimnis …) nicht zurück. Die Haltung eines Weltpolitikers?

Diese Drohungen werden als Beschimpfung und Beleidigung von großen Teilen der jeweiligen Bevölkerungsgruppen wahrgenommen. Sozialklassen und sogar ganze Nationen werden (vorsätzlich?) gespalten und der Boden gelegt für Unverständnis und teilweise Hass. Besonders Frankreich gegenüber, weil Herr Sarkozy schließlich der Hauptrepräsentant Frankreichs ist (Oktober 2009 kamen in der Schweiz – im Kanton Genf – dann auch bereits die ersten heftigen Gegenreaktionen, indem zahlreiche Demonstranten die französischen Grenzgänger, welche in der Schweiz arbeiten, massiv mit Schimpfworten wie Schmarotzer gar Kriminelle angriffen). Die kluge Lebensweisheit »Druck erzeugt Gegendruck« gilt auch und insbesondere für Politiker.

Und wie es scheint, behandelt Sarkozy die »großen« Länder wie die USA, Japan, China, Deutschland, Russland und Indien oder Brasilien bedeutend freundlicher und lässt sie in Ruhe, weil er genau weiß, dass er auf diese Staaten keinen Einfluss nehmen kann, ja sogar auf sie angewiesen ist.

Auch wenn Nicolas Sarkozy sich gern als Weltpolitiker gibt, die großen hausgemachten Schwierigkeiten in Frankreich erlauben es ihm nicht, viel Zeit für konkrete, langfristige und zeitaufwendige globale politische Aktionen aufzuwenden. Ad hoc wird er sich an besonders medienwirksamen internationalen Aktionen beteiligen (G-20, Klima …). Dies genügt natürlich nicht, um stabile Weltsysteme aufzubauen.

Dmitrij Medwedew und **Wladimir Putin**, Präsident beziehungsweise Premierminister Russlands, sowie **Hu Jintao**, Präsident von China, brauchen ihre gesamte Arbeits- und Amtszeit, um die übergroßen wichtigen und dringenden Probleme in ihrem Land zu lösen. Auch für sie bleibt keine Zeit übrig, eine durchdachte, effiziente und gerechte Weltpolitik im Interesse aller Weltbürger zu machen.

Es scheint, dass »Weltpolitik« lediglich dann gemacht wird, wenn nationale Interessen oder staatliche und ökonomische Vorteile auf dem Spiel stehen.

Und wie aktiv und erfolgreich sind denn die »Weltpolitiker«, wenn es um lang andauernde schmerzhafte Weltkrisen geht wie etwa den weltweiten Hunger oder die fehlende Bildung für mehr als 4 Milliarden Menschen, die andauernden Kriege und bewaffneten Konflikte und das massenhafte Sterben zahlreicher Weltbürger sowie das weltweite Klima- und Wasserproblem?

Laut Bericht des Generaldirektors Jacques Diouf der FAO (Organisation für Nahrung und Landwirtschaft der Vereinten Nationen) vom 14.10.2009 leiden rund 1,1 Milliarden Menschen an Unterernährung, das heißt ein Sechstel der gesamten Weltbevölkerung! Im Raume Asien-Pazifik sind es ungefähr 642 Millionen, die hungern, Afrika (ohne Nordafrika) rund 265 Millionen, Südamerika 53 Millionen, Nordafrika und der Mittlere Osten rund 42 Millionen und 15 Millionen Menschen, die in den entwickelten Ländern leben, leiden täglich Hunger und sind unterernährt. Trotz vielfältiger Absichtserklärungen der Politiker und zahlreicher Berichte ist die **Tendenz steigend.** Ausserdem verhungern jeden Tag 17.000 Kinder nach Angaben der Vereinten Nationen.

Bereits Thomas Malthus (1766 – 1834), britischer Philosoph, wurde durch seine Schrift »Versuch über das Bevölkerungsgesetz« (1798) international bekannt. Die Kernaussage dieser Streitschrift lautet, dass die Bevölkerung exponentiell wachse, die Nahrungsmittelproduktion aber nur linear gesteigert werden könne. Überbevölkerung und HUNGER seien daher unabwendbar das Schicksal sich weiter entwickelnder Ökonomien, falls der Staat (= Politiker) nicht eingreife.

Oder die weltweite Aus- und Weiterbildung der Menschen. Nach aktuellen Schätzungen (2009) der »Bildungsinternationale« bleiben mehr als 4 Milliarden Menschen ohne Bildung, dies entspricht rund 62 Prozent der gesamten Weltbevölkerung. **Tendenz steigend.**

Fred van Leeuwen, Generalsekretär der Bildungsinternationale bemerkte kürzlich dazu, dass es aus »Sicht der internationalen Gewerkschaften nicht ausreicht, nur seine Besorgnis zu äußern« (durch Regierungschefs anlässlich des G-20-Gipfels in Pittsburgh in den USA beispielsweise; Autor). »Wir haben oft gesagt, dass Taten nötig sind und nicht immer nur Erklärungen«, so van Leeuwen. »Wir müssen unsere Anstrengungen verdoppeln, um die Schlüsselbotschaften der Bildungsinternationale Geltung zu verschaffen: dass Investitionen in Bildung von entscheidender Bedeutung für nachhaltige Wirtschaftsentwicklung sind und dass jeder Mensch ein Recht auf gute Bildung hat.« Eine gute Schulbildung für alle kann mögliche Krisen verhindern beziehungsweise abschwächen.

Und wie steht es mit den Dutzenden von bewaffneten Konflikten und einzelnen Kriegen, des Öfteren politisch motiviert, die bis heute Ende 2009 nicht gelöst sind? In erster Linie befinden sich Afghanistan (nahezu 30 Jahre Krieg), aber auch noch Irak im Kriegszustand. Langjährige nicht gelöste bewaffnete Konflikte oder gar Bürgerkriege wüten zudem in Myanmar (Burma), West-Papua, Farc und ELN in Kolumbien, Nagaland (Indien), Tschad, Libanon, Uganda, Somali, Kaschmir (Indien), Senegal, Pakistan, Angola, Darfur (Sudan), Nigeria, Yemen, Israël-Palastina, Tschetschenien, Hamas, Hisbollah, Al Qaida und so weiter.

Und wie überzeugend ist denn die langjährige diplomatische Arbeit des Sicherheitsrates der UNO bezüglich der Sicherheit unserer Welt und Vermeidung bewaffneter Krisen? Der Sicherheitsrat der UNO (Weltsicherheitsrat / UNSC United Nations Security Council) hat fünf ständige Mitglieder: USA, Russland, China, Frankreich und Großbritannien. Jedes dieser fünf Länder hat ein Vetorecht. Die fünf ständigen Mitgliedstaaten sind sogenannte Vetomächte und ebenfalls Mitglied in der G-20. Nebst den Vetomächten befinden sich noch zehn nichtständige Mitglieder im Sicherheitsrat ohne Vetorecht. Nach Artikel 24 l der Charta der Vereinten Nationen trägt der Sicherheitsrat »die Hauptverantwortung für die Wahrung des Weltfriedens und der internationalen (weltweiten) Sicherheit«.

Ist es nicht paradox und für viele Mitbürger unverständlich und beängstigend, dass die fünf Vetomächte, die für weltweite Sicherheit und Frieden zuständig sind, zur gleichen Zeit bis zu 80 Prozent (Schätzungen) aller Waffen herstellen und teilweise ins Ausland verkaufen? Kriege und bewaffnete Konflikte brauchen bekanntlich mengenweise Waffen. Oder sind Waffen gar Grundlage für Kriege und Konflikte und somit weltweite Krisen? Außerdem können Defensivwaffen heute problemlos in Angriffswaffen umgewandelt werden.

Jedes Jahr sterben weltweit immer noch rund 8,5 Millionen Kinder an Krankheiten, die größtenteils vermeidbar oder behandelbar sind. Dies geht aus veröffentlichten neuen Schätzungen (September 2009) von Experten des UN-Kinderhilfswerks UNICEF, der Weltgesundheitsorganisation, der Weltbank, des Bevölkerungsfonds der Vereinten Nationen und Universitätswissenschaftlern hervor. 93 Prozent aller Todesfälle bei Kindern unter fünf Jahren werden in Afrika und Asien registriert.

Und schließlich das Klima- und Wasserproblem (vgl. dazu: globale Umweltpolitik): In allen Kulturen und Religionen genießt das Wasser besonderen Respekt: als Symbol der Reinheit, als Quelle allen Lebens, als kostbarer Schatz und gar als Heimat der Götter.

Aber mehr als eine Milliarde (mehr als 1.000.000.000) Menschen auf der Welt hat keinen Zugang zu sauberem Trinkwasser. Dass es vielerorts an Wasser mangelt, hat viele Ursachen: ungeeignete Methoden in der Landwirtschaft, mangelnde Reinheit des Wassers, teilweise starker Bevölkerungszuwachs oder die zunehmende Industrialisierung einzelner Staaten. Vor allem Kinder leiden unter den Folgen von Wassermangel. Nach Angaben von UNICEF sterben **jeden Tag** etwa 5000 Kinder durch schmutziges Wasser und mangelnde Hygiene. Und nahezu 2,6 Milliarden Menschen (rund 40 Prozent aller Weltbürger) müssen heute ohne sanitäre Einrichtungen leben.

Das Problem der weiteren Verfügbarkeit von Wasser muss nach Ansicht von UN-Generalsekretär Ban Ki-moon weltweit bewusst werden. »Die Zeit läuft davon, und das Wasser läuft aus«, sagte Ban Ki-moon auf dem Weltwirtschaftsforum in Davos, Schweiz. Wassermangel sei Ursache für zahlreiche Krisen und Konflikte auf der Welt etwa Hungersnöte oder Konflikte in der sudanesischen Krisenprovinz Darfur. Ein Fünftel der Weltbevölkerung lebt schon jetzt in Regionen, wo die Wasserversorgung nicht mehr sichergestellt ist.

Die »Weltpolitiker« sind einmal mehr gefordert, nicht nur Wirtschafts- und Finanzkrisen, sondern auch oben genannte Weltkrisen zu lösen, aber:

Bevor sie mit globalen politischen Aktionen an die Lösung der großen Weltprobleme und Krisen herangehen, müssen die Politiker erst beweisen, dass sie die Schwierigkeiten im eigenen Land optimal, rasch und dauerhaft lösen können im Interesse ihrer Bürger (schließlich wurden und werden sie dafür gewählt und gut bezahlt). Die konkreten ökonomischen und sozialen Ergebnisse in vielen Ländern der Welt während der letzten Jahrzehnte zeigen indes ein ganz anderes Bild.

Deshalb scheint es, dass wir eine neue, unabhängige, dynamischere, global ausgebildete, global denkende und global handelnde politische Klasse brauchen wie dies, trotz zum Teil aufflammender ökonomisch-finanzieller Krisen, seit langem in der Weltwirtschaft der Fall ist: dynamische, global denkende und global handelnde Weltmanager => Weltkonzerne => Weltwirtschaft => Globalisierung. Der Politiker Obama wäre vielleicht eine positive Ausnahme, aber errare humanum est.

Dass periodisch kleinere und größere Krisen durch etwa Kriege, Terrorismus, Ölknappheit und Epidemien oder weltweite schmerzhafte finanzwirtschaftliche Krisen wie in den Jahren 1857, 1873, 1929 und 2008 sowie die Schuldenkrise der Dritten Welt in den achtziger Jahren, die Mexikokrise, die Asienkrise oder die New-Economy-Krise entstehen, ist sehr wohl bekannt. Dies ändert kaum etwas an der rasanten Weiterentwicklung der Globalisierung.

Die Steuerung, Begleitung, Überwachung und wenn nötig Korrektur des gesamten Globalisierungsprozesses sollte deshalb eine der Hauptaufgaben der neuen internationalen Politikergeneration sein. Zudem müssten die weltweiten wirtschaftlichen Rahmenbedingungen in dem Sinne aufgebaut werden, dass langfristig und dauerhaft optimale Voraussetzungen für Wachstum, Arbeitsplätze und Wohlstand für alle Weltbürger geschaffen werden könnten.

Um die aktuelle Krise tatkräftig zu bekämpfen und wenn möglich neue zu vermeiden, sollte der Einsatz der ökonomischen und politischen Systeme, Instrumente und Strukturen weltweit aufeinander abgestimmt und zentral koordiniert werden, um den höchstmöglichen Wirkungsgrad zu erreichen.

Die globalen (wirtschafts)politischen Systeme, Instrumente und Strukturen sollten in dem Sinne aufgebaut und eingesetzt werden,

dass auch ein weltweites funktionierendes Sozialsystem entstehen könnte, zum Vorteil aller Weltbürger.

Politiker sollten unter Mitwirkung der WTO (Welthandelsorganisation) die Integration ALLER Länder (auch jene des afrikanischen, südamerikanischen und asiatischen Kontinents) in den Weltmarkt bis zum Jahr 2025 anvisieren.

Und es müsste über eine einheitliche weltweite Währung (Ablösung des abgenützten US-Dollars als Weltleitwährung) mit den wichtigsten Weltakteuren gesprochen und bei Einverständnis eingeführt werden.

Ein globales Finanz- und Wirtschaftssystem erfordert zweifelsohne ein globales Währungs(reserve)system.

Wichtig:

Die oben genannten Vorschläge müssen jedoch von unabhängigen auf Weltniveau ausgebildeten Politikern, welche mit den nötigen Kompetenzen ausgestattet sind und unterstützt von internationalen Institutionen wie etwa der Weltbank, dem IWF oder der WTO, veranlasst und begleitet werden.
    Die internationalen Institutionen sollten zuerst auf Kompetenz und Effizienz durchleuchtet und falls nötig entsprechend korrigiert und restrukturiert werden.

Eine duale, fachkompetente und moralisch einwandfreie Weltregierung, eine ökonomisch-ökologische und eine politische, könnte die richtige Antwort sein zur Vermeidung künftiger Weltkrisen. (Weltkrisen im weitesten Sinne des Wortes!)

In dieser Weltregierung hat es keinen Platz mehr für Diktatoren, korrumpierte und unfähige Politiker, Kriegsherren, Großmäuler, Schaumschläger und ähnliche Individuen.

EIN SCHÖNER TRAUM? ZU OPTIMISTISCH, GAR UTO-PISCH? VIELLEICHT MACHBAR IN DREI BIS VIER GENE-RATIONEN? ODER REALISIERBAR, WENN DIE WELTPROB-LEME DRAMATISCHE FÜR DIE GESAMTE WELTBEVÖLKE-RUNG BEDROHLICHE AUSMASSE ANGENOMMEN HAT?

GLOBALE FINANZINDUSTRIE-REFORM

Ein Jahr nach der Pleite der US-Investmentbank Lehman Brothers, welche eine weltweite Finanzkrise auslöste, streiten die Regierungen der reichsten Länder über die richtigen Lehren aus der Krise und welche konkreten Maßnahmen und Regeln eingeleitet beziehungsweise aufgestellt werden sollten.

Die Folgen der globalen Finanz- und Wirtschaftskrise werden auf über 15 Billionen Dollar (15.000 Milliarden US-Dollar) Wohlstandsverlust für die Welt geschätzt. Laut dem IWF (Internationaler Währungsfonds) belaufen sich die geschätzten notwendigen Abschreibungen (Abschreibungen auf faule Kredite, toxische Hypotheken, Subprimes und so weiter) infolge der globalen Finanzkrise bis Ende 2010 auf 1,05 Billionen Dollar für die USA, 814 Milliarden für die Euro-Zone, 604 Milliarden für Großbritannien und rund 170 Milliarden US-Dollar für Asien, eingeschlossen sind Australien und Neuseeland.

Wegen der Krise verloren bis Ende 2009 zusätzlich rund 65 Millionen Personen ihren Arbeitsplatz; allein in den USA waren es bis zu 850.000 pro Monat. Diese Tendenz setzt sich bis ins zweite Semester 2010 fort. Außerdem standen / stehen ganze Staaten wie etwa Ungarn, Lettland,

Island oder auch Portugal, Irland und Griechenland kurz vor dem finanziellen Zusammenbruch.

Die unterlassene Hilfeleistung für die Rettung der US-Investmentbank Lehman Brothers gilt heute als einer der größten Fehler der Bush-Regierung. Und über einen der Hauptverursacher der Weltkrise besteht weitgehend Einigkeit: Zu viele Großbanken bekamen zu leicht sehr viel Geld, mit dem sie teilweise zu sorglos oder gar spekulativ umgingen (vgl. ebenfalls Teil I). Deshalb verlangen die Regierungen der G-20 eine umfassende weltweite Finanzindustriereform.

Am 24. und 25. September 2009 fanden die entsprechenden Gespräche in Pittsburgh in den USA statt. Nicht nur über Finanzindustriereformen und »neue« Spielregeln für Banken wurde diskutiert, sondern auch Maßnahmen bezüglich Exit-Strategien, Bonuszahlungen an Bankmanager und Trader und dem Welthandel vereinbart:

Die G-20 soll künftig das maßgebliche Forum für Weltwirtschaftsfragen sein. G-8 wird von der G-20 abgelöst. Im Abschlussdokument des Gipfels wurde G-20 zum »obersten Forum für unsere internationale wirtschaftliche Zusammenarbeit« erklärt. Große Schwellenländer wie etwa Indien, China oder Brasilien gewinnen damit an Einfluss. Staaten wie Südkorea, Australien oder Saudi-Arabien erhalten einen Platz am Konferenztisch. Nächste G-20-Gipfel finden im Juni 2010 in Kanada und im November in Südkorea statt.

- Zur Stützung der Weltfinanzsysteme und im Kampf gegen die Weltrezession haben die G-20-Länder staatliche Programme im Umfang von rund 5 Billionen US-$ aufgelegt.
- Exit-Strategien (Ausstiegsmaßnahmen aus staatlicher Hilfe) sollen zu einem noch nicht genannten Zeitpunkt koordiniert umgesetzt werden, wenn die Weltwirtschaft wieder an Fahrt gewinnt.

- Die G-20 wollen einen »Rahmen für ein starkes, nachhaltiges und ausgeglichenes Wachstum« setzen.
- Der IWF soll künftig überprüfen, ob die Programme einzelner Länder den vereinbarten Zielsetzungen entsprechen.
- Für systemrelevante Banken sollen strengere Eigenkapitalregeln eingeführt werden. Großbanken sollen krisenfester gemacht werden und damit die Gefahr reduzieren, dass erneut künftig staatliche Rettungsaktionen nötig werden. Zuständig für die neuen Vorschriften ist das FSB (Financial Stability Board). Bereits 2011 sollen die schon verabredeten »Basel II-Regeln« eingeführt werden. Ende 2012 müssen die neuen Vorschriften (International Standards) eingeführt sein.
- Prämien (Boni) für Bankmanager und Trader sollen stärker an den Erfolg des Bankinstituts gekoppelt werden. Die Boni sollen sich an langfristiger Wertschaffung und nicht mehr an exzessiven Risikoeinsätzen orientieren. Über mehrere Jahre garantierte Boni werden abgeschafft. Bei Misserfolg sollen Bankmanager und Trader mit Abzügen bestraft werden. Bei Verstößen gegen festgelegte Regeln könnten Konsequenzen drohen wie etwa die Erhöhung des Eigenkapitals. Boni sollen transparenter gestaltet werden und einen bestimmten Prozentsatz des Eigenkapitals nicht übersteigen.
- Die G-20 wollen gefährliche Ungleichgewichte im Welthandel oder in den Staatszahlungsbilanzen abbauen.
- Die seit 2001 dahindümpelnde »DOHA-Runde« zur Liberalisierung des Welthandels soll reaktiviert und bis Ende 2010 abgeschlossen werden.

Fachliche Anmerkungen:
- Die Frage, wer für diese Weltkrise zu zahlen habe, wurde nicht beantwortet.
- Stehen die G-20-Maßnahmen wirklich in einem vernünftigen Verhältnis zu den Dimensionen der weltweiten Finanz-, Wirtschafts-, Sozial- und möglicherweise Staatsverschuldungskrise?

- Der Zeitplan sei zu weit gefasst. Wenn zum Beispiel strengere Regeln bei der Kreditschöpfung der Banken über zwei oder drei Jahre verschoben werden, werde zunächst – nach aller Wahrscheinlichkeit – vieles weiterlaufen wie bisher.
- Die Wirtschaftsweise Beatrice Weder di Mauro kritisierte in der deutschen Zeitung »Welt am Sonntag«, dass »wichtige Fragen wie die globale Aufsicht über systemrelevante Banken oder eine grenzüberschreitende Insolvenzordnung« gar nicht erst auf der G-20-Agenda standen.
- Dass die Banken aus Sicherheitsgründen künftig mehr Eigenkapital brauchen ist unbestritten. Aber die Gesetzgeber müssen sorgfältig abwägen, wie weit sie dabei gehen wollen und wie schnell diese Eigenkapitalerhöhung eingefordert werden soll. Setzen sie die Eigenkapitalerhöhung zu hoch an und wird sie zu schnell eingefordert, so könnten erhebliche volkswirtschaftliche Kosten entstehen, weil dadurch die Finanz- und Kreditspielräume der Banken massiv eingeschränkt würden zum Nachteil der Unternehmen, Haushalte und Ersatz- und Neuinvestitionen.
- Normalerweise sind die Finanzinstitute und Banken die am stärksten regulierte Branche der Wirtschaft. Nur in einigen Teilbereichen der Banken gab es zu wenig Spielregeln, deren Einhaltung zu wenig überprüft wurde: vor allem in der US-Immobilienfinanzierung. Dort sind auch die großen Probleme entstanden, die sich dann auf das ganze Weltfinanzsystem ausgedehnt haben. Übrigens war es politisch erwünscht, dass möglichst viele US-Bürger Wohneigentum erwerben konnten. Es kommt schließlich nicht auf die Quantität, sondern auf die Qualität der Spielregeln an.
- Boni sollen transparenter gestaltet werden und einen bestimmten Prozentsatz des Eigenkapitals nicht übersteigen. Wie und in welcher Form wurde (noch?) nicht festgelegt. Zudem wurden keine festen Obergrenzen der auszuzahlenden Boni beschlossen. Wall Street Journal in New York, USA, schätzt die Gehälter und Boni in

der US-Finanzindustrie für 2009 trotz Krise auf rund 140 Milliarden Dollar. 2008 wurden rund 117 und 2007 rund 130 Milliarden Dollar ausbezahlt.

- Wird Präsident Obama oder die G-20 sich gegen die übermächtige US-Finanzindustrie durchsetzen können? Betrachtet man oben genannte Zahlen, ist durchaus Zweifel erlaubt. Zudem geht man von der Annahme aus, dass zwischen 35 und 40 Prozent aller US-Unternehmensgewinne aus eben dieser Finanzindustrie stammen. Gewinne sind nötig, um einerseits neue Investitionen zu tätigen, Arbeitsplätze zu erhalten beziehungsweise neue zu schaffen, Löhne, aber auch Boni zu zahlen, Wachstum zu schaffen und Wohlstand zu mehren und so weiter und andererseits staatliche Vorhaben und Reformen wie etwa Aufbau eines neuen US-Gesundheitssystemes oder Reduzierung der grossen Handels- und Haushaltsdefizite sowie einen signifikanten Abbau der Staatsschulden und natürlich den Krieg in Afghanistan (Irak?) zu finanzieren. Die Regierung Obamas ist sich trotz momentaner Finanz- und Wirtschaftskrise der eminenten Wichtigkeit der US-Finanzindustrie für das Wohlergehen der Amerikaner sehr wohl bewusst und wird demnach alles vermeiden, was dieser Branche zusätzlich schaden könnte.

Nachtrag (Washington USA, Januar 2010):
Barack Obama möchte nun das Geschäft der großen US-Banken deutlich beschränken. Die Obama-Regierung will künftig die Größe der Banken und das Ausmaß ihrer risikoreichen Aktivitäten deckeln. Das Weiße Haus in Washington hat vor allem das Investmentbanking im Visier. Die Großbanken sollen demnach verpflichtet werden, das Investmentbanking schärfer vom restlichen Bankgeschäft zu trennen. Viele weltweit tätige Finanzkonzerne sind laut Politikern »too big to fall«, um sie Pleite gehen zu lassen. Dies soll sich ändern. Der Deutsche-Bank-Chef Ackermann reagierte prompt. Er halte die geplanten Größenbegrenzungen für Geldinsitute nicht für den richtigen Weg zur Vermeidung neuer Finanzkrisen. »Vorschläge zur Aufspaltung oder

Einschränkungen der Aktivitäten von Banken gehen in die falsche Richtung«, sagte Josef Ackermann bei einer Veranstaltung in London. Das Problem sei nicht die Größe einer Bank, sondern das Risiko, das ein Finanzinstitut eingehe. Große Banken brächten Volkswirtschaften auch viele Vorteile. Und Sebastian Jost erklärte in der deutschen Zeitung »Die Welt«: »Die Debatte droht sich von einer sinnvollen Neuordnung zu entfernen. Die Bonuszahlungen stehen viel zu sehr im Mittelpunkt, obwohl sie für die Stabilität des Finanzsystems eine untergeordnete Rolle spielen.« Und auch »Obamas Zerschlagungsideen, die unter anderem eine stärkere Trennung zwischen Investmentbanking und anderen Geschäften vorsehen, führen in die Irre: Lehman Brothers Bank war eine relativ kleine, reinrassige Investmentbank – und dennoch eine grosse Gefahr«.

- Werden die europäischen Staaten mit Nicolas Sarkozy als wichtigstem Wortführer zu strenge Finanzregeln einführen wollen, könnte ein nicht zu unterschätzender Abfluss der fähigsten Trader, Bankiers und Finanzmanager aus Europa stattfinden. Diese Experten würden dann dort hingehen, wo die entsprechenden gesetzlichen und finanziellen Spielregeln mehr Raum für Kreativität, Finanzinnovationen, Karriere und Verdienstmöglichkeiten bieten würden. Richtung Osten, wo sie nach größter Wahrscheinlichkeit mit offenen Armen begrüßt würden. Die negativen Folgen für Europa sind offensichtlich. »Old Europe« würde zusätzlich geschwächt und seine internationale Konkurrenzfähigkeit entsprechend abnehmen. Ob europäische Politiker in ihrem Aktionseifer sich dies überlegt haben?
- Die fast hysterische Boni-Polemik der Politiker könnte möglicherweise ein Hinweis auf ihre Unfähigkeit sein, grundlegende wichtige Weltprobleme wie etwa globale Ungleichgewichte, Nord-Süd-Gefälle, ungerechte Verteilung der Reichtümer, weltweite Armut, Wasserprobleme und so weiter zu lösen. Ein interessantes Ablenkungsmanöver?
- Der Wunsch bestimmter G-20-Staaten, um gefährliche Ungleichgewichte im Welthandel und in den staatlichen Zahlungsbilanzen

abzubauen, wurde in dem Sinne «sabotiert», dass führende Export-
länder wie China und Deutschland konkrete Festlegungen verhin-
dert haben. Zudem hatte man den Eindruck, dass diese durchaus
wichtige Problematik bisher kaum tiefgründig angepackt wurde.
Die fundamentalen Probleme finanzwirtschaftlicher globaler Ungleichgewichte und unberechenbarer Kapitalflüsse sind so komplex
und zu wichtig, dass man sie in einem Schnellverfahren behandeln
und lösen könnte, auch wenn bestimmte Politiker der G-20 aus
fachlicher Unkenntnis heraus dies gern glauben möchten.

- Werden Deutschland und China (vielleicht später ebenfalls Indi-
en oder Brasilien …) zugunsten eines ausgeglichenen Welthandels
den von Exporten abhängigen Entwicklungsweg verlassen oder ihre
Exportentwicklung bremsen wollen? Kaum vorstellbar.
- Kann die verlangte Erhöhung der Transparenz auf den Energie-,
Rohstoff- und Finanzmärkten die Preisschwankungen wirklich
verringern?
- Werden die USA durch die von der G-20 vereinbarten Maßnahmen ihr astronomisches Handelsdefizit (zum Beispiel China gegenüber) auf Dauer signifikant reduzieren können? Voraussetzung, um
weltweite finanzwirtschaftliche Ungleichgewichte abzubauen.
- Die Zusage der Staats- und Regierungschefs am G-20-Gipfel in
Pittsburgh, den ärmsten Ländern der Welt kräftig zu helfen, scheint
einmal mehr nur bloße Rhetorik.
- Wie es scheint, ist die »machtvolle Reaktion« der G-20-Regierungen
auf die Weltkrise erst mal ein Projekt mit hohen künftigen Risiken.

**Bei einer weltweiten Bankenreform innerhalb der geplanten Finanz-
industriereform müssen folgende Punkte berücksichtigt werden:**

- Das Risikomanagement der Banken sollte gründlich überarbeitet
werden.
- Die bis dahin eingesetzten Finanzmodelle (ebenfalls mathematische

Modelle) müssen neu gestaltet und zusätzliche Sicherheiten eingebaut werden.

- Stresstests sollten intensiver angewandt werden.
- Die Banken, insbesondere systemrelevante Großbanken, müssen ihr Eigenkapital signifikant erhöhen, um künftige Verluste besser abdecken zu können. Systemrelevante Banken sind Finanzinstitute, welche einen direkten signifikanten Einfluss auf die finanziellen Weltsysteme haben.
- Sie sollten deshalb ihre Reserven (stille, offene und statutarische Reserven) und Rücklagen entsprechend erhöhen.
- Banken sollten ihren Liquiditätsspielraum verstärken.
- Die Fremdfinanzierung der umfangreichen Bankgeschäfte sollte zugunsten der Eigenfinanzierung abgebaut werden.
- Die Abhängigkeit von kurzfristigen Geldern zugunsten langfristigem Kapital sollte verringert werden.
- Die Bilanzstrukturen von Forderungen und Verbindlichkeiten müssen noch mehr miteinander in Einklang gebracht werden.
- Überkomplexe Finanzprodukte sollten aus dem Bankangebot verschwinden.
- Transparente und für Kunden verständliche Produkte sollten ins Angebot aufgenommen werden.
- Die Kundenberatungsleitlinien müssen überarbeitet werden.
- Übersichtlichere und solidere Marktinfrastrukturen müssen aufgebaut werden.
- Die Anreiz- und Vergütungsmodelle (eingeschlossen: Boni) sollten neugestaltet und besser am nachhaltigen Erfolg und den Interessen der Bank und der gesamten Volkswirtschaft ausgerichtet werden.

Allgemeine Anmerkungen:

- Was das eigentliche Anliegen des G-20-Spitzentreffens betrifft, die Zähmung des Turbo- oder Raubtierkapitalismus, wird Pittsburgh

(USA) rasch vergessen werden. Hier haben die Staats- und Regierungschefs einmal mehr kaum Historisches geleistet. Zudem gab es (gibt es?) zwischen den Teilnehmern der G-20 immer wieder große Differenzen betreffend wichtiger Themen auf der G-20-Traktandenliste.

- Die Hoffnungen, es könne schnell, gar sehr schnell gehen (Nicolas Sarkozy / refondre du capitalisme) mit dem neuen, dem regulierten, dem ausgewogenen Kapitalismus, haben sich bis jetzt nicht erfüllt.
- Die Stimmung unter den führenden Politikern dieser Welt hat sich von panikgetriebener Entschlossenheit in eine verfrühte Selbstgefälligkeit verwandelt. Das Schlusskommuniqué des G-20-Gipfels von Pittsburgh hebt mit einem Selbstlob auf ihre »machtvolle Reaktion auf die Krise« an und scheut auch nicht vor der pathetischen Behauptung zurück: »Es hat funktioniert«, Handelsblatt vom 28.09.2009, Deutschland. Die Zukunft wird beweisen, ob es wirklich funktioniert hat.
- Ökonomen und ATTAC gehen die Schlussergebnisse nicht weit genug. Ihr Urteil reicht von verhalten bis zu gescheitert. Das globalisierungskritische Netzwerk ATTAC erklärte sogar das Gipfeltreffen als gescheitert.
- Nur wenige der G-20-Repräsentanten sind oder fühlen sich in ihrem Heimatland politisch so gut abgesichert, dass sie zuhause Opfer um des globalen Wohlergehens willen bringen würden. Jetzt sehen sie die unmittelbare Notwendigkeit dafür nicht mehr, also stellen sie ein «hartes Vorgehen» in Aussicht – irgendwann mal –.
- Anscheinend reicht die Erinnerung an die jüngst geschehene Krise nicht aus, um mehr als schrittweise Reformen zu erzwingen. Nach dem G-20-Gipfel von Pittsburgh scheint eine neue Krise eher und nicht weniger wahrscheinlich geworden zu sein. Möglicherweise ist schon wieder die Grundlage für euphorische Blasenentwicklungen (Börse / Weltmarktpreise / …) gelegt worden.

GLOBALE STAATSVERSCHULDUNG

Aufgrund der aktuellen Weltkrise, welche erhebliche finanzielle und budgetaire Unterstützungsmaßnahmen und ökonomische Ankurbelungspakete verlangt, entsteht eine zunehmende Staatsverschuldung.

Die öffentlichen Finanzen entwickelten sich in den letzten Jahren in vielen marktwirtschaftlich orientierten Staaten in die gleiche Richtung: wachsende Staatsausgaben => steigende Budgetdefizite => zunehmende Staatsverschuldung. Dieser eher negative Prozess wird durch die Krise zusätzlich noch verschärft.

Der deutsche Ex-Finanzminister Steinbrück beispielsweise rechnet für 2010 mit einer staatlichen Neuverschuldung von rund 85 Milliarden Euro. Bis 2013 werden allein in der Bundesrepublik Deutschland (Bund und Bundesländer zusammengenommen) laut offiziellen Berechnungen zusätzlich noch 315 Milliarden Euro an Steuereinnahmen wegbrechen. Für den deutschen Bund der Steuerzahler ist klar: »In der aktuellen Krise müsste eine sofortige Haushaltssperre verhängt werden. Es dürfe nur noch da gezahlt werden, wo eine gesetzliche Verpflichtung besteht. Alles andere gehört auf den Prüfstand.«

Frankreichs Staatsdefizit für 2009 wird laut Berechnungen in Paris die 135-Milliarden-Euro-Grenze überschreiten. Laut Wirtschaftswissenschaftlern ist Frankreich ohne massive staatliche Ausgabenkürzungen und größere Steuererhöhungen nicht in der Lage, sein Staatsdefizit bis 2014 signifikant abzubauen oder gar einen ausgeglichenen Staatshaushalt vorzulegen.

Die USA sind auf fast allen Gebieten Weltmeister. Auch beim Staatsdefizit spielen sie die erste Geige. Nach Schätzungen des Rechnungshofes des US-Kongresses (CBO) wird das Defizit für 2009 1,75 Billionen

Dollar (1.750.000.000.000,00 US-Dollar) betragen. Das höchste Staatsdefizit seit dem Zweiten Weltkrieg, und die Gesamtverschuldung (Überschuldung) der USA beträgt rund 90 Prozent des BIP bis Ende 2009.

In der Europäischen Union darf das Staatsdefizit 3,0 Prozent und die Staatsverschuldung 60 Prozent des BIP (Bruttoinlandsprodukt = Wirtschaftsleistung eines Staates während eines Jahres) nicht übersteigen (Vertrag von Maastricht / die Niederlande). Diese vertraglich festgelegten Maximalwerte werden von einzelnen führenden europäischen Ländern bereits heute massiv überschritten (Frankreich, Italien, Spanien …).

Das bundesdeutsche Finanzministerium etwa errechnete einen Schuldenberg von rund 66 Prozent des BIP für 2008 und eine Erhöhung auf 80 Prozent im laufenden Jahr (2009).

Die Brüsseler Behörde geht davon aus, dass der durchschnittliche Schuldenbestand im Währungsraum Euro statt 60 Prozent auf nahezu 84 bis 85 Prozent des BIP in 2010 hochschnellen wird. Die EU-Kommission in Brüssel erwartet, dass 13 der 16 Euro-Staaten 2009 und 2010 die Defizitgrenzen einreißen werden. Für 2010 werden folgende Staatsdefizite vorausgesagt: beispielsweise Deutschland rund 5,7 Prozent, Frankreich über 8,0 Prozent, Spanien rund 10 Prozent, England rund 12,5 Prozent und Irland 15,6 Prozent statt 3 Prozent des BIP.

Die USA und England versuchten sogar auf dem Londoner G-20-Gipfel 2009, die wachsende Staatskreditaufnahme und somit erhöhte Staatsverschuldung eines Landes als eine notwendige und weltweit zu akzeptierende Geldphilosophie zu erheben.

Der staatliche Schuldenberg wird in den kommenden Jahren weltweit sprunghaft zunehmen. Viele Staaten werden sich deshalb finanziell

übernehmen, und die gehegten Erwartungen der Bürger, Unternehmen und Institutionen an den Staat können oft nicht mehr erfüllt werden – mit schlimmen Folgen für die Menschen.

Welche Probleme entstehen bei einer (zu) hohen Staatsverschuldung:

- Eine Staatsverschuldung setzt Staatsdefizite voraus. Staatsdefizite lassen sich normalerweise über Steuererhöhungen, Kreditaufnahme auf den Kapitalmärkten oder mittels Verschuldung bei der jeweiligen Noten- oder Staatsbank finanzieren.
- Steuererhöhungen sind unbeliebt und verursachen Steuerwiderstand im Sinne von mehr Schwarzarbeit, Tauschhandel, Investitionsrückgang oder gar Steuerhinterziehung und Steuerflucht in sogenannte Steuerparadiese (vgl. Abschnitt: Kampf gegen Steuerparadiese).
- Kreditaufnahmen auf den Kapitalmärkten können zu steigenden Zinssätzen führen, die Investitionskredite der Privatwirtschaft und Industrie verteuern. Teilweise wird dann auf notwendige Investitionsvorhaben, was das wirtschaftliche Wachstum bremst und die Arbeitslosigkeit erhöht, verzichtet.
- Die zusätzliche Verschuldung bei der Noten- beziehungsweise Staatsbank ist eine Art Geldschöpfung und birgt eine Inflationsgefahr in sich, die sich später im Staat als Kaufkraftverminderung auswirkt.
- Die durch die zusätzlich aufgenommenen Kredite verursachten Zinsbelastungen und Kapitalrückzahlungen können für die heutige, aber auch für die kommenden Generationen eine große finanzielle Belastung werden.
- Falls nicht bei anderen Staatsausgaben erheblich gespart wird, können die Staatsschuldzinsen eine erhöhte Steuerquote verursachen, was zu künftigen Konsumbeschränkungen führen kann

mit negativen Folgen für Neu- und Ersatzinvestitionen, Wirtschaft und Wachstum sowie Arbeitsplätze.

• Aufgrund oben genannter Probleme könnte die Staats- und Politikverdrossenheit bei den Bürgern überdurchschnittlich zunehmen.

Um die Verschärfung der Weltkrise durch eine zusätzliche Staatsverschuldungskrise zu vermeiden, sollten die Staatsregierungen der Industrie- und wichtigsten Schwellenländer und ihre fachkompetenten Institutionen die oben genannten Problempunkte genau studieren, analysieren und ihre Lösungsansätze aufeinander abstimmen, um eine weltweite optimale und realistische Lösung zu finden.

Magnum vectigal est parsimonia (Cicero); übersetzt: Sparen ist eine große Einnahme.

Und Benjamin Franklin (1706 – 1790: Präsident der Vereinigten Staaten von Amerika) meinte dazu: »A penny saved is a penny earned« und »Die besten öffentlichen Maßregeln werden selten aus vorangehender Weisheit angenommen, sondern von der Gelegenheit aufgedrungen.«

Selbstbiographie, 1788

GLOBALE UMWELTPOLITIK

In den Millionen Jahren der Weltgeschichte gab es immer wieder Katastrophen und Krisen mit schlimmen Folgen für Menschen und Umwelt. Durch Klimaveränderungen traten beispielsweise Eiszeiten, langandauernde Dürreperioden oder Überschwemmungen auf. Die heute lebensfeindliche Wüste Sahara etwa war einst ein fruchtbarer und bevölkerter

Landesteil in Afrika. Durch gewaltige Überschwemmungen versanken große Landstriche im Meer. Ganze Völker wurden gezwungen, neue Lebensräume zu suchen, um zu überleben.

Umweltprobleme, verursacht durch Klimaveränderungen, sind nicht neu. Was jedoch relativ neu ist, ist die sichtbare Beschleunigung der globalen Umweltprobleme durch:

- eine weltweite Bevölkerungsexplosion (rund 6,7 Milliarden Menschen Ende 2009) und die Entstehung großer städtischer Ballungszentren (London, New York, Mexiko City, Sao Paulo, Rio de Janeiro, Bombay, Tokio, Peking, Shanghai …),
- Überkonsum und Verschwendung besonders in den industrialisierten Ländern,
- wachsende Verschmutzung der Flüsse, Seen und Meere,
- intensive Abholzung der Wälder (Bodenverarmung, Bodenzerstörung, Erosion …) und verstärkte industrialisierte Landwirtschaft (Pestizide, Herbizide, Insektizide …),
- intensive Ausbeutung der Bodenschätze (Öl, Gas, Kohle, Mineralien …),
- den oft unklugen Gebrauch der vorhandenen Technologien,
- Verschwinden von Tier- und Pflanzenarten,
- Verschmutzung der Luft insbesondere durch Feinstaub- und Stickstoffbelastung (Fahr- und Flugzeuge, Industrie, Haushalte, Kohle- und Chemiewerke …),
- Ich-zentriertes Verhalten: Verantwortung an die Allgemeinheit abschieben; fatalistisches Verhalten: Es nützt doch nichts und schuld sind immer die anderen,
- politische und ökonomische Führungsfehler: ungenügend ausgebaute und weltweit funktionierende umweltschonende Systeme; Wachstumsmanie: »schneller, größer und mehr ist besser«; zu langsame Reaktionen der Regierungen (zu viele und sehr teuere

Klimafachgipfel wie in Rio de Janeiro 1992, Berlin 1995, Kyoto 1997, Mailand 2003, Bali 2007 oder Kopenhagen 7. bis 18. Dezember 2009: viele Worte, schöne Versprechungen und noch mehr Berichte, aber bis heute zu wenig Taten mit weltweit konkret messbaren positiven Resultaten. Vielleicht bringt Kopenhagen eine umfassendere Lösung für unsere Umweltprobleme. Leider nicht!),

- und so weiter.

In den fünfziger Jahren des letzten Jahrhunderts wurden die ersten Warnungen laut. Die sogenannten Umweltmoralisten, Grünen, Ökologen … setzten sich mit Leib und Seele und mit Jeans und Turnschuhen gekleidet für eine Verbesserung der Umwelt ein. Ihre damalige Teilnahme an der Umweltdiskussion war meistens spontan und emotional. Später entstanden wissenschaftliche Umwelt-Systemanalysen besonders hinsichtlich der Entwicklung in den Ballungszentren. In den siebziger Jahren wurden Studien des »Club of Rome« und weiterer internationaler Forschungsgruppen veröffentlicht (Global 2000).

Umweltschutz ist nicht mehr Sache des Einzelnen oder einzelner Staaten, sondern der ganzen Weltgemeinschaft. Aus lokal begrenzten Umweltproblemen könnte eine globale Umweltkatastrophe werden mit dramatischen Auswirkungen auf die Erde und deren Bevölkerung.

KAMPF GEGEN STEUERPARADIESE

Der Kampf bestimmter Industriestaaten gegen die Kapitalflucht und demnach gegen die Spar- und Steuerparadiese schien ungeahnte Erfolge zu zeigen. Die fleißigen Diplomaten hatten vor dem Londoner G-20-Gipfel bereits gute Arbeit geleistet.

»Die Ära des Bankgeheimnisses ist vorbei«, hieß es im Abschlusskommuniqué des Londoner G-20-Gipfels. »Wer Steuerhinterziehern hilft, wird ab sofort rücksichtslos ans Licht der Öffentlichkeit gezerrt.« Große Worte! Keine fünf Tage nach dem Londoner Treffen legte die dafür zuständige Organisation OECD (Organisation für wirtschaftliche Zusammenarbeit und Entwicklung) die kürzeste **schwarze Liste** vor, die es je gab. Zahl der weltweiten Steueroasen (rund 40) auf der schwarzen Liste: NULL. Dass sämtliche Steueroasen über Nacht wie ausgetrocknet scheinen, war für viele Experten freilich eine große Überraschung und schwer zu erklären.

Und wohl kein Finanz- und Steuerspezialist hätte im Ernst geglaubt, dass die sogenannte **weiße Liste** auch Gebiete umfasst, die bis heute besonders berüchtigt waren, etwa die britischen Kanalinseln Guernsey oder Jersey. Gordon Brown, Premierminister Großbritanniens, war schließlich Gastgeber des Wirtschaftsgipfels. Plötzlich stehen die chinesischen Sonderverwaltungsregionen Hongkong und Macau, bekannt als sichere Zufluchtsorte für Steuersünder, ebenfalls auf der weißen und sauberen Liste. Die bloße Teilnahme Chinas an dem Londoner G-20-Gipfel war anscheinend Beweis genug für den guten Willen des Staates und die Aufnahme in die Zunft der »Musterländer«, zu denen auch Russland, Indien, Südafrika, Mexiko, Brasilien oder Indonesien und so weiter gehören. Mit Erstaunen mussten die Fachleute auch feststellen, dass sogar die Cayman Islands (rund 50.000 Einwohner und 80.000 registrierte Unternehmen) zu den anpassungswilligen Ländern gehören und nur auf der **grauen Liste** stehen.

»Die Liste ist völliger Unsinn; das Verfahren stinkt zum Himmel«, sagte Luxemburgs Außenminister Jean Asselborn nach dem Gipfeltreffen. »Ich kann nicht verstehen, dass sich ein Land wie Frankreich (konkret: Nicolas Sarkozy) vor China und gegen EU-Staaten oder auch gegen die Schweiz stellt«, sagte er: »Dass macht den Kitt kaputt, der Europa zusammenhält.«

Diplomaten sind mittlerweile ebenfalls der Meinung, es wäre womöglich besser gewesen, auf die Liste zu verzichten, zumal unklar ist, welche konkreten gesetzlichen Strafmaßnahmen gegen rückfällige Steuerparadiese eingesetzt werden könnten.

Im Endergebnis teilte OECD-Generalsekretär Angel Gurria die Staatengemeinschaft jetzt nur noch in zwei Gruppen ein: jene, die sich vorbildlich verhalten; dazu gehören zum Beispiel alle Staaten, die zum G-20-Kreis gehören! Auf diese Weise konnte sichergestellt werden, dass der Londoner Gipfel nicht in Selbstkritik erstarrte. Zur zweiten Gruppe gehören jene, die internationale Steuerflucht theoretisch nicht gut finden, aber bislang noch keine Gelegenheit sahen, ihre Haltung durch Taten, etwa konkrete Regeln in Doppelbesteuerungsabkommen, zum Ausdruck zu bringen. Durchaus wichtig für Angel Gurria war/ist der gute Wille der Staaten!

Das Ergebnis wurde von den Teilnehmern des Londoner Gipfels einmal mehr als politisch historischer Durchbruch gefeiert, war indessen nichts anderes als der schwache Versuch, das Londoner Treffen der G-20 in diesem »wichtigen« Punkt nicht scheitern zu lassen.

Vielleicht sollten bestimmte Staaten wie Großbritannien, Deutschland, die USA und besonders Frankreich sich mal konkret und in aller Objektivität überlegen, weshalb ihre Bürger vor dem jeweiligen Steuersystem davonlaufen.

Vielleicht dienen die Steueroasen, deren Existenz seit mehr als einem Jahrhundert bekannt ist, doch nur als Schuldenoase der Politik, auf die sie ihre eigenen Verantwortlichkeiten abwälzen kann.

Ob nun das vorliegende Resultat des Londoner G-20-Gipfels die Steuerparadiese betreffend mithilft, die aktuelle und künftigen Krisen

teilweise zu lösen beziehungsweise zu vermeiden, scheint mehr als fragwürdig zu sein.

BILDUNG – FORSCHUNG – ENTWICKLUNG – INNOVATION

Die USA stecken Finanzmittel direkt in Bildung, Forschung, Entwicklung und Innovation. Das amerikanische Staatsbudget für Forschung und Entwicklung beläuft sich auf sage und schreibe 151 Milliarden US-Dollar und zusätzlich noch rund 22 Milliarden aus dem Wirtschaftsankurbelungsplan für 2009. Die ebenfalls sehr hohen Finanzmittel des privaten Sektors und der Industrie für Forschung und Entwicklung müssen noch dazugerechnet werden. Die USA investieren 5,1, Japan rund 4,3 und Deutschland 3,2 Prozent ihres BIP für Forschung und Entwicklung für 2009. Weitere große Länder wie etwa China und Indien lenken trotz Krise Milliarden in Bildung und zukunftsträchtige Forschungs- und Entwicklungsbereiche.

Die hohen Bildungs- und Forschungsinvestitionen der USA tragen schöne und reife Früchte: Von den 100 weltbesten Universitäten befinden sich 54 in den Vereinigten Staaten von Amerika; die Nobelpreise 2009 für Physik, Chemie, Medizin und Wirtschaft gingen an die USA.

Sogar Saudi-Arabien setzt auf Bildung, Forschung und Entwicklung. König Abdullah Bin Abd al-Asis Al Saud, Hüter der beiden heiligen Stätten Medina und Mekka, Gebieter über das Reich des Öls und eifriger Reformer möchte den Gottesstaat Saudi-Arabien in die Moderne katapultieren. Das Projekt KA EC (King Abdullah Economic City) wird auf über 30 Milliarden US-Dollar veranschlagt.

»Die aktuelle Finanz- und Wirtschaftskrise hat an den gigantischen Plänen nichts geändert«, sagte ein Sprecher des beauftragten Baukonzerns. In der City entstehen eine Million Arbeitsplätze, ein »Medical Centre« mit Kliniken und medizinischen Forschungszentren sowie Laboren, ein »Education Centre« mit Elite-Universitäten und modernsten Schulen. Außerdem werden dort der größte Hafen der Region, eine High-Tech-Industriezone, ein Zentrum für Petrochemie und der modernste Finanzbezirk des Landes gebaut. Strategische Partner wie die amerikanischen Elite-Universitäten Berkeley, MIT oder Stanford, das Imperial College in London und die britische Cambridge Universität sowie die TU München helfen dem ÖL-Staat, die zahlreichen Forschungs- und Entwicklungsprojekte voranzutreiben.

Auch in Europa sind sich Bildungpolitiker einig, dass es für die Industrie und somit für die Wirtschaft tödlich wäre, in einer Krise an der Forschung und Entwicklung zu sparen. Nur bei der Finanzierung zögert man. Zudem besteht die Gefahr, dass große ökonomische Ankurbelungspakete (Konjunkturpakete) auf Kosten von Bildung, Forschung und Entwicklung finanziert werden. Und man rechnet in 2009/2010 mit einem drastischen Einschnitt bei Forschung und Entwicklung bei kleinen und mittelgroßen Unternehmen, weil dort die Finanzkraft fehlt.

Selbstverständlich wissen wir, dass ohne kluge Leute, ohne beständige Erneuerung und ohne moderne Grundlagenforschung und Entwicklung es in einem Staat ökonomisch, demografisch und gar kulturell bergab geht. Die aktuelle Weltkrise könnte das noch beschleunigen.

Wenn wegen der aktuellen Weltkrise an der Wissenschaft gespart würde, bedeutete das, dass ein Staat nicht auf die Zukunft setzte und vielleicht sogar zu einem Imitatorenland verkümmern könnte.

Kurzfristiges Denken und Handeln ersetzen nicht das, was in den kommenden Jahren das Wohlergehen der Menschen sichert.

Um dies zu verhindern und als Antwort auf mögliche künftige Krisen, sollte eine Regierung unter anderem:

- Direkt in Bildung, Forschung, Entwicklung und Innovation investieren.
- Ausreichend Risikokapital für Start-up-Unternehmen zur Verfügung stellen.
- Neugründungen in zukunftsorientierten Hochtechnologien bevorzugen.
- Forschung und Entwicklung steuerlich belohnen, etwa durch die Möglichkeit, Wissenschaftsausgaben zu 120 oder gar 130 Prozent geltend zu machen.
- Mit Forschungsprämien kluge Köpfe (auch aus dem Ausland) anlocken.
- Und so weiter.

DIE GENOSSEN (SOZIALISTEN UND KOMMUNISTEN)

Die Weltwirtschaft steckt in einer einmaligen Krise. Für die Genossen steht fest: Die grenzenlose Profitgier als vermeintliche Triebfeder menschlichen Fortschritts darf nicht mehr die Wirtschaft bestimmen. Diese Ideologie (= Kapitalismus) ist gescheitert. Wir brauchen eine neue Idee für das Zusammenwirken von Ökonomie und Politik und mithin für das Zusammenleben der Menschen, sagen sie.

Die Genossen möchten deshalb die Weltkrise benutzen oder gar instrumentalisieren, um ihre ideologisch-ökonomischen Ziele durchzusetzen und gleichzeitig ihre politische Machtposition weltweit auszubauen.

So wird den Wählern versprochen, die Steueroasen trockenzulegen, die globalen Finanzmärkte stärker zu regulieren und die Managergehälter schärfer zu kontrollieren. Außerdem müssen die alten Arbeitsplätze erhalten bleiben und selbstverständlich neue geschaffen werden. Sie verlangen Mindestlöhne, Kündigungsschutz, Verteidigung der Tarifautonomie und notfalls die Verstaatlichung zahlreicher angeschlagener Unternehmen. Zusätzlich verlangen die Genossen eine sofortige Umverteilung des Reichtums von oben nach unten (bereits ein dringendes Anliegen von Karl Marx). Geplant ist auch, die Erhöhung der Steuern für Besserverdiener sowie eine Millionärssteuer und natürlich eine signifikante Entlastung für Arbeiter und Mindestverdiener (die klassische Genossen-Klientel). Gleiche Bezahlung für Frauen und Männer wird natürlich vorausgesetzt. Dass im Kampf gegen Krise und Rezession die Rolle des Staates massiv gestärkt werden muss, ist für die Genossen Ehrensache.

Je größer die Krise, desto länger ist die Liste der Forderungen der Genossen. Deshalb haben die Linken eine sehr lange Liste der Forderungen aufgestellt, aber die Beantwortung der Frage: Wie und wer dies alles in einer der schärfsten Weltkrisen organisieren und finanzieren soll, wird auf später verschoben. Sie wissen ganz genau, dass die Staaten heute weder die nötigen Finanzmittel (außer, wenn Regierungen bereit sind, ihr Land maßlos zu überschulden zum Nachteil der Steuerzahler, vgl. auch: globale Staatsverschuldung) noch die entsprechenden Fachspezialisten (auf Weltniveau) zur Verfügung haben.

Weder die einzelnen Staaten (Regierungen) noch der IWF oder die Weltbank, OECD oder WTO sowie weitere internationale Institute konnten die Weltkrise und anschließende Rezession vermeiden oder rechtzeitig bremsen beziehungsweise die harte ökonomische Bruchlandung (Global Economical Crash) signifikant abfedern.

Vor ein paar Jahren schrieb Hans Magnus Enzensberger in einem Beitrag für die Los Angeles Times: »Zum Schaden der Neuen und der Alten Linken haben sich die Marxisten immer von der affirmativen, utopischen Seite des Werks ihrer Gründerväter hypnotisieren lassen – mit katastrophalen Folgen, wie man inzwischen weiß.«

Schließlich hat sich erwiesen, dass die von Marx und Engels vorhergesagte sozialistische Revolution (als Antwort auf den Kapitalismus) gerade NICHT in den hoch entwickelten kapitalistischen Ländern stattgefunden hat, sondern vielmehr ereigneten sich fast alle sogenannten sozialistischen Revolutionen des 20. Jahrhunderts in jenen Staaten, die vom Kapitalismus weitgehend unberührt geblieben waren. Die russische sozialistische Oktoberrevolution von 1917 war überwiegend eine Bauernrevolution, das Gleiche gilt auch für Kuba, Vietnam oder beispielsweise China.

Zudem zeigten die europäischen Parlamentswahlen vom Juni 2009 eindeutig den politischen Trend in Europa für die kommenden Jahre: Die »Gewinner« sind die Rechten und Umweltschützer, die »Verlierer« die Linken (Sozialisten und Kommunisten) trotz globaler Finanz-, Wirtschafts- und Sozialkrisen. Bei den europäischen Wahlen erhielten beispielsweise die französischen Sozialisten knappe 16 Prozent der Stimmen, was eine glatte Niederlage bedeutet.

Brauchen wir nun ein neues Wirtschaftsmodell?

WIRTSCHAFTSMODELLE

DIE FREIE MARKTWIRTSCHAFT

Der wirtschaftliche Liberalismus ist die Grundidee der freien Marktwirtschaft. Der wirtschaftliche Liberalismus lehnt den Absolutismus und den autoritären Staat ab. Er fordert die persönliche wirtschaftliche Freiheit mit dem Ziel, allen Menschen solle das größtmögliche Glück zuteilwerden.

Die gedanklichen Grundlagen des wirtschaftlichen Liberalismus können wie folgt zusammengefasst werden:

- Im Zentrum befindet sich der Individualismus, dies heißt, dass nicht mehr die Gruppe, sondern der Einzelmensch mit seinen individuellen Wünschen und Bedürnissen im Mittelpunkt der Gesellschaft steht.
- Er betont, dass die individuelle Freiheit und die freie Wirtschaftskonkurrenz dem allgemeinen Interesse am besten dient.
- Er fordert eine selbständige wirtschaftliche Welt.
- Der »homo oeconomicus« wird von der ökonomischen Zweckmäßigkeit in seiner Wirtschaftswelt geleitet.
- In seiner Wirtschaftswelt gilt Eigennutz = Gemeinnutz = natürliche Harmonie = Glück.

Der Hauptkritikpunkt aus heutiger Sicht am wirtschaftlichen Liberalismus und somit an der freien Marktwirtschaft ist der unterschätzte rücksichtslose Egoismus der Menschen. Die Folge dieser Fehleinschätzung war die Vertiefung der Kluft zwischen den verschiedenen Wirtschafts- und Sozialklassen.

Die letztliche Zielsetzung, die natürliche Harmonie und das Glück in einer Gesellschaft herzustellen, hat sich nicht erfüllt. Die Aufspaltung der Sozialklassen gab erst recht der marxistischen Lehre Auftrieb.

DIE PLANWIRTSCHAFT

Sozialistische und kommunistische Weltanschauungen prägen das planwirtschaftliche Modell. Die Planwirtschaft geht somit auf sozialistisch-kommunistische Grundgedanken zurück.

Sozialismus sind Ideen und Bestrebungen, die das allgemeine Wohl aller Menschen in einem Staat zur Geltung bringen wollen.

Der Sozialismus steht demnach im Gegensatz zum Individualismus des Liberalismus und Kapitalismus. Kommunismus ist die Gesellschaftslehre, nach der durch Beseitigung des Privateigentums und der dadurch verursachten Ungerechtigkeiten der Naturzustand, in dem alle Menschen das gleiche Recht auf alles gehabt hätten, wiederhergestellt werden kann und muss.

Der utopisch-empirische Sozialismus

Er geht von der Annahme aus, dass ein »idealer« Staats- und Gesellschaftszustand entstehen kann und muss, wenn die Menschen nur guten Willens sind. Diese Variante des Sozialismus ist gescheitert, weil den Menschen der Glaube an eine solche utopische Zielsetzung fehlt.

Der wissenschaftliche Sozialismus

Er kritisiert die freie kapitalistische Wirtschaftsordnung. Aufbauend auf diese Kritik sollte gemäß Karl Marx und Engels eine neue sozialistische Ordnung entstehen. Auch diese Variante des Sozialismus ist gescheitert.

Der freiheitliche Sozialismus

Er versucht den freiheitlichen und demokratischen Gedanken im sozialistischen Modell zu berücksichtigen. Der freiheitliche Sozialismus lehnt entschieden die Diktatur des Proletariats oder den Klassenkampf, Bausteine des wissenschaftlichen Sozialismus, ab. Der freiheitliche

Sozialismus war und ist einer der Grundpfeiler der sozialdemokratischen Parteien in Europa.

Die kommunistische zentrale Planwirtschaft

Zentrale politische Instanzen bestimmen die Pläne und Zielsetzungen der nationalen Ökonomie auf eine Dauer von bis zu sieben Jahren. Diese langfristigen Pläne werden anschließend auf Jahres- und Operativpläne umgelegt. Diese Jahres- und Operativpläne umfassen zahlreiche Einzelpläne und Einzelheiten bis auf Stufe, Betrieb und Konsument.

Trotz vieler Revisionsversuche ergaben sich im Laufe der Zeit gesamtwirtschaftlich gesehen stets mehr Probleme:

- Es wurde am Bedarf vorbeiproduziert. Deshalb entstanden große Vorräte, sogenannte Ladenhüter.
- Es gelang der politischen Führung nicht, die Güterwahl zu vergrößern und eine gezielte Produktdiversifikation zu erreichen.
- Das Anreizsystem der zentralen Planwirtschaft war entweder nicht vorhanden oder dann zu schwach, um eine angemessene Produktivität zu gewährleisten. Deshalb wurde oft nicht genügend wirtschaftlich gearbeitet und es kam zur Verschwendung von Rohstoffen und Hilfsmitteln.
- Es kam zu regelmäßigen Engpässen in den Betrieben und der Produktion, weil Planungsfehler immer wieder eine Kettenreaktion hervorriefen.
- Die Betriebe wichen dann zur Tauschwirtschaft aus mit einer signifikanten Abnahme der Gesamtwirtschaftlichkeit.
- Die zentrale politische Instanz und untergeordnete Bürokratie wurden vermehrt mächtiger mit erheblichen Reibungsverlusten und umfassender Korruption.
- Und so weiter.

Die großen durch die zentrale Planwirtschaft hervorgerufenen wirtschaftlichen und finanziellen Probleme zwangen viele kommunistisch orientierte Staaten, die Marktwirtschaft einzuführen (Ex-UdSSR, Ex-Ostblockstaaten, China und so weiter). Die kommunistische zentrale Planwirtschaft ist somit ebenfalls gescheitert.

DIE SOZIALE MARKTWIRTSCHAFT

Die Neoliberalen (unter anderem Ludwig Erhard: deutscher Bundeswirtschaftsminister und späterer Bundeskanzler und Walter Eucken: Professor der Volkswirtschaftslehre in Freiburg im Breisgau, Deutschland) prägten das volkswirtschaftliche Denken und die damit verbundene soziale Marktwirtschaft nach dem Zweiten Weltkrieg.

Die Grundidee ist die freie Marktwirtschaft mit dem sozialen Ausgleich in der Gesellschaft zu verbinden (Der Idealzustand wäre selbstverständlich die Verbindung der globalen freien Marktwirtschaft mit dem globalen sozialen Ausgleich aller Menschen!).

Die soziale Wirtschaftsordnung soll demnach so gestaltet sein oder werden, dass jederzeit ein freier Wettbewerb unter den Betrieben gewährleistet ist und keine Monopole, Oligopole oder monopolähnliche marktbeherrschende Unternehmenszusammenschlüsse gebildet werden können (Konkurrenzwirtschaft / Wettbewerbspolitik / Preispolitik). Auch Staatsunternehmen haben sich den Regeln des Marktes zu unterwerfen.

Zu gleicher Zeit sollen keine sozialen Spannungen entstehen, weshalb der Staat in das »Spiel« von Angebot und Nachfrage eingreift, sobald der Markmechanismus versagt. Zudem betreibt der Staat eine auf Vollbeschäftigung ausgerichtete Konjunkturpolitik und eine Politik der Einkommensumverteilung zugunsten wirtschaftlich schwächerer Bevölkerungsschichten (Fiskalpolitik). Überdies liegt das optimale Funktionieren der Sozialsysteme wie zum Beispiel das Gesundheits-,

Schul-, Sicherheits- und Versicherungssystem oder Alterssystem in der Kompetenz und Verantwortung des jeweiligen Staates.

Der Staat greift – wenn nötig – planend, steuernd und ausgleichend in die Wirtschaft ein, wobei die staatlichen Interventionen nicht zu einer gelenkten Marktwirtschaft analog der Planwirtschaft (wie oben umschrieben) führen dürfen. Das sozialwirtschaftliche Konzept darf auch nicht zur Aufblähung des Staatsapparats und zu einem unbezahlbaren Wohlfahrtsstaat (wie etwa früher in Schweden oder Holland) führen.

Die soziale Marktwirtschaft ist die Marktform, die heute mehrheitlich überzeugt und in vielen Ländern eingeführt wird oder bereits ist, wenn auch in zahlreichen Varianten.

Dieses Modell könnte trotz periodischer Identätskrisen der Sozialdemokraten eine weitere Antwort auf die aktuelle Krise und zur Vermeidung künftiger Finanz-, Wirtschafts- oder Sozialkrisen sein, falls es weltweit akzeptiert, aufeinander abgestimmt, eingesetzt und laufend auf deren Wirksamkeit überprüft würde.

Könnte die deutsche Einheits-Utopie des Jahres 1990: »Fortan regiere – harmonisch, rational und krisenfrei – die soziale Marktwirtschaft als humaner Endzustand der Geschichte« eines Tages Wirklichkeit werden?

MORAL und ETHIK für WIRTSCHAFT und POLITIK

In der aktuellen Weltkrise taucht vermehrt die Frage auf: Steht die Ethik zwischen Macht und Moral nicht von vornherein auf verlorenem Posten? Haben die Machiavellisten unter den Politikern und die kühl kalkulierenden Strategen unter den Wirtschaftsführern sogar in einer globalen Krise immer recht? Schließen sich Macht und Moral in Politik und Wirtschaft gegenseitig aus? Oder kann Macht human und zum Wohle der Menschen angewandt werden? Wäre Macht und Machtausübung mit moralischen Grundwerten in der Weltwirtschaft und Weltpolitik vereinbar oder eben nicht?

Was bedeutet Macht? Allgemein formuliert ist Macht die Möglichkeit, Befugnis oder Freiheit über andere Menschen und Verhältnisse zu bestimmen. Je nach Menschenbild des Politikers oder Wirtschaftsführers kann Macht als etwas Böses Schlechtes, Dämonisches, Unmoralisches und Inhumanes oder im Gegenteil als etwas Humanes, Wohltätiges, Gutes und Moralisches angesehen werden. Wir wissen, dass der Mensch (nicht nur der Machtmensch) ein komplexes, widersprüchliches Wesen ist. Eine Mischung aus Gut und Böse, Vernunft und Unvernunft, Tugend und Egoismus.

Was bedeutet Moral und Ethik? Das praktische Verhalten dem Mitmenschen, der Umwelt und sich selbst gegenüber wird von Normen wie »gut oder schlecht«, »gerecht oder ungerecht«, »ehrlich oder unehrlich« und so weiter bestimmt. Gut, schlecht, gerecht, ungerecht, ehrlich oder unehrlich sind Werte. Die Moral orientiert sich demnach an Werten. Die Moral wird durch Werte und Normen konstituiert. Normen setzen somit Werte voraus. Die Einhaltung von Normen im praktischen Zusammenleben setzt ebenfalls die Realisierung dieser Werte voraus. Und aus Sicht der Wissenschaft befasst sich die Ethik mit der Analyse, Beschreibung und wertenden Kritik der Moral.

Die Grundforderung der Ethik sollte die Menschlichkeit sein. Überall auf der Welt werden Menschen unmenschlich behandelt, nicht nur in der Politik, sondern auch in der Wirtschaft. Menschenrechte werden teilweise verletzt, Menschenwürde missachtet, Ungleichheit zwischen den Menschen (und Völkern) bewusst gefördet, und des Öfteren werden sie ihrer Lebenschancen und ihrer Freiheit beraubt. Jeder Mensch, ohne Unterschied von Rasse, Hautfarbe, Alter, Geschlecht, Sprache, und Religion, Herkunft sowie politischer Anschauung, sollte menschlich behandelt werden, um künftige Krisen (auch Weltkrisen) zu vermeiden beziehungsweise sie gemeinsam besser bewältigen zu können.

Menschen mit einem Willen zur Macht (politisch, wirtschaftlich, religiös und so weiter) stehen auch in der heutigen Zeit nicht »jenseits von Gut und Böse«. Menschlichkeit ist von allen zu respektieren. Menschlichkeit das Endresultat einer Mischung aus Gerechtigkeit, Klugheit und Vernunft, Toleranz, Konfliktfähigkeit, Tugendhaftigkeit, Sittlichkeit und Zivilcourage.

Kann und sollte Moral und Ethik in der Wirtschaft angewandt werden oder ist die Wirtschaft (auch Weltwirtschaft) nur auf Gewinnoptimierung und Wohlstandsmaximierung ausgerichtet?

Da die ganze Gesellschaft von der Ökonomie direkt betroffen ist, sei es als Arbeitnehmer oder als Konsument, werden heute vermehrt kritische Stimmen laut, die nebst der Qualität der Produkte und Dienstleistungen, der Sicherheit am Arbeitsplatz, der Angemessenheit der Preise ebenfalls eine größere Verantwortung der Wirtschaftsführer gegenüber Gesellschaft und Umwelt verlangen. Zudem wird ein breiteres international abgestimmtes Sozialsystem insbesondere in Krisenzeiten gefordert. Auswüchse bei Löhnen, Gewinnmaximierung, »Stock Options« und »goldenem Handdruck« oder Börsenspekulationen und so weiter müssen künftig und weltweit vermieden beziehungsweise bekämpft werden.

Im Jahre 2008 auf dem Gipfel der Krise »erfand« der französische Präsident Sarkozy den Ausdruck »grands patrons voyous«, eine grobe Beleidigung für bestimmte hochplatzierte Wirtschaftsführer und Bankiers, auf den Spruch »grands politiciens voyous« verzichtete er. Warum? (Vgl. Marianne, No. 694 du 7 au 13 août 2010: »Le voyou de la République« française.)

Wirtschaftliche Ethik verlangt die ständige Überprüfung der wirtschaftlichen Entscheidungen bezüglich der Frage, ob höhere Werte wie Sozial- und Umweltwerte verletzt werden oder eben nicht. Wirtschaftliche Strategien und Entscheidungen sind somit mit ethischen Urteilen zu verbinden. Dieses Vorgehen sollte auf jeder hierarchischen Stufe stattfinden. Die Wirtschaft braucht nicht nur den finanziellen Kredit zum Überleben, sondern auch den moralischen im Sinne der Geschäftsglaubwürdigkeit gegenüber Mitarbeitern, Kunden, Lieferanten und der Gesellschaft.

Kann und sollte Moral und Ethik in der Politik angewandt werden oder ist die Politik (auch Weltpolitik) nur ein Mittel der Machtvergrößerung, Machtausübung und des Machterhalts für Machtpolitiker? Sind die moralisch argumentierenden Politiker nur die Dummen und Erfolglosen und die machtpolitisch kalkulierenden die Erfolgreichen und Klugen? Darf Politik missbraucht werden, um die eigene Karriere zu fördern und abzusichern?

Braucht unsere Welt wirklich Machtpolitiker vom Schlage Richelieus (Armand Jean Du Plessis), Bismarcks, Metternichs oder Palmerstons und Machiavellis (und die allerschlimmsten Machtpolitiker der Weltgeschichte wie etwa Stalin, Hitler oder Pot Pol und die aktuellen Diktatoren sind uns wohl bekannt), die vor Krieg, Gewalt und Mord, Korruption und Intrige nicht zurückschreck(t)en, sondern ihre auf Macht ausgerichtete Energie benutz(t)en, um ihre eigene machtpolitische Karriere voranzutreiben, oft gegen den Willen und zum Nachteil des eigenen Volkes? Muss ein Volk eine sogenannte machiavellistische Machtpolitik und Filzokratie fatalistisch akzeptieren? Stimmt der Satz von George Orwell: »Die politische Sprache ist dazu geschaffen, Lügen wahrhaft und Mord respektabel klingen zu lassen«?

Ist ein Politiker naiv, wenn er an einem Zusammenleben der Menschen ohne Gewalt, Korruption und Intrige glaubt und aufgrund moralischer Prinzipien handelt? Politiker wie Thomas Jefferson, Madison, Franklin D. Roosevelt oder Dag Mammarskjöld, Lech Walesa und Vàclav Havel oder Persönlichkeiten wie Martin Luther King und Mahatma Gandhi.

Setzt moralisches Denken und Handeln eine Demokratie voraus oder entsteht ein demokratischer Staat aufgrund von Moral und Ethik? Kann ein politischer Staat von der internationalen Gemeinschaft (zum Beispiel UNO, in der auch die Mehrzahl der weltweiten Diktaturen vertreten sind) zum moralischen Handeln gezwungen werden; auch Staaten, geführt von Diktatoren und korrupten oder inkompetenten Politikern, die sich in »guten Zeiten« maßlos bereichert haben und eine große Mitschuld an der heutigen Krise tragen?

Dürfen wir akzeptieren, dass eine Politik- und Wirtschaftselite sich selbst über das Gesetz stellt und periodisch Krisen (auch Weltkrisen) verursacht mit dramatischen Folgen insbesondere für die unteren sozialen Klassen der industrialisierten Staaten und viele Entwicklungsländer? Die Antwort muss NEIN sein.

Deshalb müssen die Regeln der Moral und Ethik künftig und vermehrt in Wirtschaft und Politik akzeptiert, respektiert und deren Einhaltung von neutralen Institutionen (beispielsweise: von neutralen internationalen Gerichten) überprüft werden als weitere wichtige Antwort auf die aktuelle Weltkrise und zur Vermeidung neuer Krisen.

TEIL III: ANHANG

KRITISCHER EIN- und DURCHBLICK

Kritische Analyse aus einem anderen Blickwinkel

Da der französische Staatspräsident Nicolas Sarkozy der schärfste und lauteste Wortführer ist, wenn es um die aktuelle und Vermeidung neuer Krisen geht und wie ein Messias überall seine Botschaft der Linken verkündet: »Der Kapitalismus muss moralisiert werden (moraliser du capitalisme) und zudem muss der Kapitalismus neugestaltet werden (refondre du capitalisme)«, sollte zuerst und tiefgehend seine Politik auf den Prüfstand gestellt werden.

Sarkozy »betreibt« seit 30–35 Jahren Politik: unter anderem als Bürgermeister (Neuilly-sur-Seine = ein Reichenvorort von Paris), Regierungssprecher, Haushaltsminister, Wirtschafts- und Finanzminister, Staatsminister »Ministre de l'Intérieur«, Chef seiner Partei (UMP), sechs Monate Europapolitik und französischer Präsident.

In Frankreich wird er liebevoll «bête politique» politisches Tier genannt. Herr Sarkozy gehört der rechten Partei an: zuerst der RPR, anschließend der UMP. Die rechten Parteien sind ideologisch und politisch gesehen Parteien, welche den Kapitalismus nicht nur fördern und fordern, sondern auch beibehalten wollen. Ihre Chefs sind demnach die ersten Repräsentanten dieser politischen (ideologischen?) Linie.

Sarkozy war ein langjähriger Weggefährte von Chirac, dem ehemaligen Präsidenten Frankreichs (von 1995 bis 2007) und der politischen Partei UMP. Nach Aufhebung seiner politischen Immunität in 2007 hat Jacques Chirac ab dem 21. November 2007 wegen »détournements de fonds public« und »d'abus de confiance« und weiterer »dossiers chauds« mit dem Richter zu tun.

Die UMP war und ist die Partei der Unternehmer, der Grands Patrons, der Reichen, der Kapitalisten und der Bourgeoisie, auch wenn Nicolas Sarkozy in seinen zahlreichen Reden sich heute besonders sozial gibt. Es geht aber vor allem um die kommenden französischen Präsidentschaftswahlen in 2012. Der Mann im Élysée spielt bereits heute – mitten in der schärfsten Krise seit dem Zweiten Weltkrieg – mit dem Gedanken an eine zweite Amtszeit. Anscheinend braucht er Wählerstimmen.

Die Wirtschafts- und Sozialergebnisse in der »Grande Nation« wurden demnach maßgeblich von seiner Politik mitbestimmt. Sind die Resultate gut, so ist dies auch auf seine Aktivitäten zurückzuführen. Sind sie indes eher negativ, gilt das Gleiche.

Sarkozy hatte sich gegenüber seinen Wählern und seiner Partei im Vorfeld des Londoner G-Treffens 2009 schon damit gebrüstet, er werde den Kampf gegen Steueroasen schonungslos vorantreiben. Frankreich hat trotz höchster europäischer Steueransätze und somit großer Steuereinnahmen eine unvorstellbare hohe Staatsverschuldung von rund 1,65 Billionen Euro in 2009; eingeschlossen sind künftige Gehaltszahlungen an rund 5,2 Millionen französische Funktionäre und Zahlungen an über 5 Millionen im Rentenalter stehende Beamten!

Der allergrößte Teil der Staatsverschuldung ist auf die staatlichen Aktivitäten **vor** der Krise zurückzuführen und ist somit strukturell bedingt. Bereits seit rund 30 Jahren war Frankreich (französische Politiker) nicht fähig, ein annähernd ausgeglichenes Haushaltsbudget vorzulegen. Trotz langer wirtschaftlicher Hochkonjunkturphasen erarbeitete Frankreich laufend hohe (zu hohe) Staatsdefizite im Gegensatz zu vielen anderen Ländern wie etwa Deutschland, die Niederlande, die Schweiz, Österreich und so weiter. Länder, für die das Wort Haushalts- und Budgetdisziplin kein Fremdwort ist.

Die gesamte jährliche Einkommenssteuer des Landes wird dazu benutzt, um die französischen Staatsschuldenzinsen (Achtung: nur die Zinsen!) zahlen zu können.

Das französische Staatsdefizit für 2009 wird voraussichtlich rund 140 Milliarden Euro betragen (8,2 Prozent des BIP statt 3 Prozent), und die Gesamtverschuldung des französischen Sozialsystems (Sécu) überschreitet 2009 die 100-Milliarden-Euro-Grenze, wobei der Verlust für 2010 auf zusätzliche 30 Milliarden geschätzt wird. Bei der Überschuldung des Sécusystems kann nur ein kleiner Teil der aktuellen Krise angerechnet werden. Auch in diesem Fall scheint die Überschuldung strukturell und nicht krisenbedingt zu sein.

Zudem lässt die in der Zeitung La Dépêche du Midi, France vom 17.10.2009 publizierte Statistik bezüglich der Armut in Frankreich aufhorchen.

Die Informationsgrundlage geht zurück auf Beobachtungen und Berechnungen der ATD-Quart Monde, der Onpes (L'Observatoire national de la pauvreté et de l'exclusion sociale) sowie l'INSEE (Institut national de la statistique et des études économiques en France). Laut dieser Statistik leben rund 13,5 Prozent aller Franzosen in Armut. Jugendliche unter 18 Jahren weisen eine Armutsquote von

17,9 Prozent auf, diejenigen zwischen 18 und 24 Jahren eine Quote von sage und schreibe 22 Prozent. 14,7 Prozent aller erwerbstätigen Männer leben in ärmlichen Verhältnissen, die sogenannten »working poors«.

Dramatisch wird es bei den Familien mit einem Elternteil, 32,4 Prozent sind laut der Zeitung arm. Diese Zahlen stammen aus dem Jahr 2007. Sowohl die versteckte Armut als auch die aktuelle Krise erhöhen selbstredend die ausgewiesenen statistischen Daten. Bei einer solchen Armut in einem der reichsten Länder der Erde hören sich politische Floskeln wie «Solidarité, Fraternité et Egalité» (Solidarität, Brüderlichkeit und Gleichheit) wie Hohn und Spott an. Bei der französischen Regierung und angefügten Kabinetten kennt man indes die Armut nicht: Laut dem Député-Sozialisten René Dosière erhöhten sich die ausbezahlten Gehälter 2009 um nahezu 57 Prozent und die ausgeschütteten Prämien (primes) für gute Arbeit um 20,6 Prozent (vgl. auch L'Indépendant vom 28.11.2009, France). Sich in einer der schlimmsten Weltkrisen aus der Steuerschatulle des Staates (zu?) großzügig zu bedienen, sollte nicht nur aus moralischen, sondern auch aus politiktaktischen Gründen vermieden werden. Die Bürger haben kein Verständnis für eine solche Vorgehensweise.

Und laut »Le Collectif des Morts de la Rue« starben seit Anfang 2009 bis Dezember des gleichen Jahres nahezu 300 Menschen ohne Unterkunft (SDF = sans domicile fixe) auf Frankreichs Straßen und Plätzen.

Zudem sprechen die Arbeitslosenzahlen in Frankreich eine sehr klare Sprache und reflektieren in aller Deutlichkeit die Ergebnisse der langjährigen Beschäftigungs- und Jugendpolitik der französischen Regierung(en). Zum größten Teil strukturell bedingt, wiesen die Arbeitslosenzahlen bereits **vor** der Weltkrise eine überdurchschnittlich hohe Quote aus.

Der Akzent bei der Analyse und Präsentation der Arbeitslosenzahlen wird natürlich von der aktuellen Regierung unter Premierminister Fillon und von Herrn Sarkozy erwünscht auf die sogenannte Kategorie A gelegt. Diese Kategorie wies Ende Oktober 2009 rund 2.627.300 arbeitslose Menschen aus. Zählt man aber die Arbeitslosen der DOM (Départements Outre Mer) und die Teilarbeitslosen sowie die Arbeitslosen in Ausbildung der Kategorien B, C, D und E dazu, erreichen die reellen ökonomischen Arbeitslosenzahlen Rekordwerte: nahezu 4,3 Millionen. Und fast 330.000 ältere arbeitslose Beschäftigte wurden von der Stellensuche freigestellt und somit in der nationalen Statistik nicht erfasst. Der französische Sozialist Mr. Hamon geht sogar von 5 Millionen Arbeitslosen in Frankreich aus (vgl. auch L'Indépendant vom 28.11.2009, France).

Besonders hart ist die Jugend betroffen: Bei den 15- bis 24-Jährigen wird die Arbeitslosenquote auf nahezu 24 Prozent geschätzt, in den Vororten der Großstädte (Banlieues) auf gar 42 Prozent. Auch in Frankreich ist die Jugend die Zukunft der Nation und demnach sollten unbedingt der jüngeren Generation bessere Zukunftschancen geboten werden, um Krisen wie etwa Sozialkrisen zu vermeiden. Laut EUROSTAT beträgt die Jugendarbeitslosigkeit in Holland rund 5,4 Prozent, in Belgien 6,0 Prozent, in Dänemark rund 7,6 sowie in Österreich 8,0 und in Deutschland 9,8 Prozent.

Auch die Ergebnisse der französischen Wohnpolitik sehen zum Teil dramatisch aus: Laut der Zeitung La Dépêche du Midi vom 2. Februar 2010, France und dem Bericht der Stiftung »Abbé Pierre« haben rund 3,5 Millionen Menschen entweder keine Wohnung und leben auf der Straße oder in einem Wohnwagen (Zelt) oder hausen dann in unzumutbaren Wohnverhältnissen. Rund 600.000 Kinder sind ebenfalls von der Wohnmisere betroffen. Ende 2009 fehlten etwa 900.000 Wohnungen in Frankreich.

Die Planung, Einführung, Aufrechterhaltung und Kontrolle staatlicher Strukturen und Systeme werden von Politikern und den von ihnen abhängigen Funktionsstellen entweder bestimmt oder dann stark beeinflusst.

Sind die oben genannten und nachstehenden Fakten nun ein klarer Beweis für die Führungsfähigkeit der französischen politischen Klasse? Außerdem darf nicht vergessen werden, dass Herr Sarkozy, der lautstark andere nationale und internationale Führungspersönlichkeiten angreift beziehungsweise angegriffen hat, bereits mehr als 30 Jahre dieser politischen Klasse angehört, des Öfteren und über längere Zeit in nationalen Führungs- und Entscheidungsfunktionen.

Sogar führende Politiker in Frankreich läuten die Alarmglocke:
Die französischen Präsidenten der Finanzkommission der »Assemblée Nationale« und der »Sénat« (französisches Parlament), der Sozialist Didier Migaud und der Zentrist Jean Arthuis, kritisieren öffentlich und scharf das vorgelegte Staatsbudget 2010. Didier Migaud hatte mitgeteilt, dass die Sozialisten die Regierung (eingeschlossen Herrn Sarkozy, weil er den Premierminister nominiert) wegen Verantwortungslosigkeit betreffend ihrer Wirtschafts-, Budget- und Steuerpolitik angreifen werden. »Attaquer le gouvernement français sur l'irresponsabilité de sa politique économique, budgétaire et fiscale«. (Vgl.: Midi Libre, France, le 28.09.2009, page 5)

Die Resultate einer repräsentativen Bevölkerungsumfrage, publiziert in der französischen Zeitung »Libération« vom 14. September 2009, Seite 2, geben ein noch düstereres Bild der Politik von Sarkozy und seiner Regierung:

91 Prozent der Befragten sind demnach überzeugt, dass trotz »großer« Anti-Krisen-Maßnahmen durch die Regierung sich nach Ausbruch der

Krise 2008 (USA: 2007) bis heute nicht viel geändert hat und dass eine künftige Weltkrise mit schlimmen Folgen auch für Frankreich nicht ausgeschlossen werden kann (92 Prozent der Angestellten, 88 Prozent der Arbeiter). Auf die Frage, ob durch politische Maßnahmen der Kapitalismus besser geregelt wurde, antworteten 77 Prozent mit nein. 70 Prozent sind der Meinung, dass auch die Gehälter und Boni der Trader und Bankmanager ungenügend behandelt wurden. Das Gleiche gilt für die sogenannten Steueroasen (65 Prozent negative Stimmen). Gar 64 Prozent der Befragten glauben, dass der von Sarkozy eingeleitete wirtschaftliche Ankurbelungsplan für Frankreich keine positiven Resultate gebracht hat »qu'il n'a pas été efficace«. Laut dem Artikel sind die Großkonzerne (Autoindustrie …) und Banken einmal mehr die größten Nutznießer der Anti-Krisen-Politik von Sarkozy und nicht die Arbeitnehmer, Arbeitslosen und Kleinunternehmungen.

Laut Umfragen der »Baromètre LH2« Ende Oktober 2009, deren Resultate in »Le NouvelObs.com« veröffentlicht wurden, sind 38 Prozent der Befragten mit Sarkozys Politik zufrieden und gegen 60 Prozent unzufrieden »un bilan négativ«. Und laut Umfragen der »Baromètre TNS Sofres Logica«, im Auftrage der französischen Zeitschrift Le Figaro Magazine im Februar 2010, haben nur noch 31 Prozent der Bürger Vertrauen in Sarkozy.

Sind Politiker mit einer derart mittelmäßigen (milde ausgedrückt) nationalen Wirtschafts- und Sozialbilanz überhaupt fähig und legitimiert, eine effiziente und für alle Menschen gerechte Weltpolitik zu machen oder globale politische Aktionen mit konkreten und dauerhaft positiven Lösungen anzubieten?

Der französische Präsident braucht trotzdem dringend neue Einnahmequellen, um einerseits die Staatsschulden signifikant zu reduzieren und andererseits seine Reformprojekte zu finanzieren. Aus diesen und weiteren Gründen griff er die Steuerparadiese mit voller Wucht an. Wieso kamen diese Attacken 2008 beziehungsweise 2009 und nicht vor 10 oder 20 Jahren? Die Steueroasen existieren bereits seit mehr als 150 Jahren.

Statt jedoch auf Steuerparadiese einzuschlagen, sollte man zuerst versuchen, die Verschwendung im eigenen Lande zu beseitigen.

Zwei Beispiele:

Geschätzte 100 Milliarden Euro (zwischen 600 und 700 Milliarden Francs) Staatsverschwendung im Jahr in Frankreich laut Analysen und Berechnungen von Prof. Dr. Jacques Marseille (Professor an der Sorbonne Universität) und publiziert in seinem Buch: »Le Grand Gaspillage. Les vrais comptes de l'Etat«, ISBN: 2-262-02414-6. Und laut OECD (Organisation für wirtschaftliche Zusammenarbeit und Entwicklung) und der gut recherchierten französischen Zeitschrift »Le Figaro Magazine« 2009 ist Frankreich »en tête des pays les plus dépensiers au monde développé«. Dass Franzosen nicht nur im In-, sondern auch im Ausland kräftig auf das »Ausgabenpedal« drücken, bestätigte am 25.10.2009 »Mediapart«. Laut Mediapart wurde dem Senat ein Bericht des Rechnugshofes übergeben, in dem die Ausgabenpolitik Frankreichs unter der Präsidentschaft Sarkozys in der Europäischen Union während des zweiten Semesters 2008 mit rund 171 Millionen Euro sehr scharf kritisiert wurde. »Eine der teuersten Präsidentschaften in der Geschichte der Europäischen Union.« Unter der Präsidentschaft Chiracs beliefen sich die Ausgaben in der EU 2000 auf rund 56,9 Millionen: also eine Ausgabensteigerung von sage und schreibe 200 Prozent unter Sarkozys Führung!

Eine alte Lebensweisheit sagt: »Der (dumme?) Steuerzahler zahlt schließlich immer und alles.« Diese Lebensweisheit gilt wahrscheinlich heute immer noch.

Mit dem Betrag der Verschwendung (rund 100 Milliarden Euro im Jahr laut Prof. Jacques Marseille) in Frankreich könnte zweifellos ein sehr großer Teil sowohl des normalen jährlichen (außerhalb der Krise stehenden) Staatsdefizits als auch der anstehenden notwendigen Reformen und der Löhne der zahlreichen gut bezahlten Minister und Staatssekretäre sowie der rund 5,2 Millionen französischen Beamten finanziert respektive bezahlt werden.

In Deutschland etwa wird jedes Jahr aufs Neue ein schwarzes Buch zur Steuerverschwendung von Bund und Ländern veröffentlicht. Das jährlich erscheinende Buch des Bundes der Steuerzahler wirft ebenfalls ein grelles Licht auf die Verschwendungsmöglichkeiten in Milliardenhöhe in der Bundesrepublik Deutschland. Der Bund der deutschen Steuerzahler glaubt zu recht, dass ein Staat durch Steuergelder finanziert wird, also von uns Bürgern. So ist er auch dafür verantwortlich, mit dem hart verdienten Geld seiner Bürger sorgsam umzugehen.

Trotzdem sind sich westliche Politiker wie Barack Obama, Gordon Brown, Nicolas Sarkozy, Budgetminister Eric Woerth, Angela Merkel, Ex-Finanzminister Peer Steinbrück und so weiter in der Sache einig, zuerst werden die Steuerparadiese gemolken (wobei Hongkong, Macao und andere verschont werden, schließlich möchte man keinen Streit mit großen einflussreichen Staaten haben), dann folgen die Aufräumungsaktionen im eigenen Land, um die hausgemachte Staatsverschwendung wenigstens teilweise zu beseitigen. Das Melken der Kühe (Steueroasen) ist natürlich bedeutend einfacher und medienwirksamer als die schwierigen Aufräumungsarbeiten zuhause.

Listen mit Namen von »Steuersündern?«, welche beispielsweise in der Schweiz Konten haben / hatten, wurden bereits zusammengestellt: 52.000 Amerikaner und 3.000 Franzosen. Nach monatelangen harten Verhandlungen wurden lediglich rund 4.450 Namen an amerikanische Behörden weitergeleitet, dies entspricht nicht mal 9 Prozent der von

Amerika verlangten Auskünfte über 52.000 Personen. Viele Bürger in Frankreich glaubten sogar, dass die Liste der 3.000 französischen Personen mit Konten in der Schweiz nur ein Bluff sei, um über eine vom Staat erzeugte Angstneurose, Bürger zu veranlassen, freiwillig ihre in einer Steueroase gehaltenen Konten zu melden. Der Diebstahl einer Bankliste der englischen HSBC-Bank in Genf, Schweiz, mit tausenden französischen Namen (2.953 Namen), welche von Herrn Hervé Falciani an den französischen Fiskus weitergeleitet (weiterverkauft?) wurde, hat sich nachträglich als richtig erwiesen.

Die OECD verlangt, um von der grauen Liste auf die weiße gesetzt zu werden, dass ein Steuerparadies mit 12 anderen Staaten Verträge bezüglich Steuerinformationsaustausch und Transparenz abschließt. Bereits Ende September 2009 standen sämtliche europäische Steueroasen auf der weißen Liste. Bravo! Aber ein Steuerinformationsaustausch findet lediglich dann statt, wenn ein Richter eines anfragenden Landes konkrete Beweise betreffend Steuerhinterziehung beziehungsweise Steuerbetrug vorlegen kann. Und Schweizer Richter haben das allerletzte Wort beziehungsweise entscheiden letztendlich. Ein recht schwieriges Unterfangen, wie Experten meinen.

Was geschieht nun mit den restlichen weltweiten 25–30 Steuerparadiesen, die nicht in Europa liegen oder nicht Mitglied der OECD sind? Das internationale Netzwerk Tax Justice Network geht sogar von der Annahme aus, dass nicht rund 40 Steuerparadiese weltweit tätig sind, sondern deren 60 und zeigt gar mit dem Finger auf die USA (Präsident = Barack Obama) und Großbritannien (Premieminister = Gordon Brown).

Wäre es zudem denkbar, dass korrupte Politiker, Diktatoren, Mafia-Organisationen und so weiter, welche nach aller Wahrscheinlichkeit hunderte von Milliarden Dollar nicht nur in Steueroasen, sondern auch in »normalen« Ländern platziert haben, ihre Konten offenlegen, nur weil Obama, Brown und Sarkozy dies gern so hätten? Und wie reagieren die anderen rund 200 Staaten unserer Welt auf die Vorschläge der G-20? Spielen Großstaaten wie etwa Russland, Brasilien und China (Die Anzahl an Milliardären in China erhöhte sich in der schlimmsten Weltrezession seit dem Zweiten Weltkrieg von rund 100 in 2008 auf über 130 für 2009 laut Forbes und dem Institut Hurun; 1/3 der chinesischen Milliardäre gehören der kommunistischen Partei an!), Mexiko oder Indien und weitere afrikanische und asiatische Länder – langfristig gesehen – das Spiel wirklich mit? Oder wird einmal mehr ein medienwirksames Politikspektakel veranstaltet mit entsprechenden Vorteilen für die Politik?

Denn die Nebeneffekte dieser politischen Aktionen sind beachtenswert: Mit dieser Vorgehensweise kann man möglicherweise seine politische Dominanz (Alpha-Führer) unter Beweis stellen (wenigstens was die unteren sozialen Klassen betrifft, weil man die Reichen und Kapitalisten an den Pranger stellt). Was ist nun mit den reichen Politikern? Zudem versucht man den Eindruck zu erwecken, als ob man auf Weltniveau eine effiziente und für alle Menschen vernünftige und gerechte Weltpolitik macht, und aller Wahrscheinlichkeit nach werden sich vermehrt Stimmbürger veranlasst sehen, für diese Politiker an die Urne zu gehen.

Außerdem haben Politiker endlich mal die Möglichkeit, sich zum Weltmoralisten hochzuschwingen trotz jahrelanger Politskandale und Affären wie etwa im Reiche Putins in Russland (landesweite Korruption und Vetternwirtschaft / Drangsalierung der demokratischen Grundprinzipien und der »freien« Medienwelt / Verbrechen und Gewalt: seit 2000 122 getötete Journalisten wie etwa Wjatscheslaw Jaroschenko oder die Enthüllungsjournalistin Anna Politkowskaja im Oktober 2006 und Tschetschenien /…), in den USA (CIA / Guantanamo / Folter

/ Irak / Iran / Wahrheitsmanipulation in großem Stil unter Bush jr. /…), in China (grassierende Korruption / intensive Beziehungen zu Mafia-Organisationen / Gewalt gegen politische Opposition wie etwa in Tibet /…), in Japan (Korruption / Wechsel von vier Premierministern innerhalb von vier Jahren /…), in Brasilien (tiefsitzende Korruption / Verbrechen, Gewalt und zahlreiche Morde teilweise politisch bedingt /…), in Großbritannien (Spesenabrechnungsskandal / Rücktritt von verschiedenen Ministern und Abgeordneten / Schwächung und Abwahl des Premierministers Gordon Brown), in Italien (umsichgreifende Korruption / zahlreiche Skandale und Affären des Premierministers Silvio Berlusconi /…), in Frankreich (Affären wie etwa Elf / Angolagate / Taiwan (Fregatten) / Clearstream (ein lächerlicher und grotesker politischer Machtkampf zwischen dem intellektuellen Feingeist und ehemaligen Premierminister Dominique de Villepin und dem instinktgetriebenen Machtpolitiker und aktuellen Präsidenten Nicolas Sarkozy) / Karachi-Skandal / Blutskandal / Caniculskandal mit rund 15.000 Toten / die Affäre Ben Barka / gerichtlich verurteilte ehemalige Minister wie etwa Bernard Tapie, Charles Pasqua oder Alain Juppé (Ex-Premierminister) / Altpräsident Jacques Chirac steht neuerdings auch vor dem Richter wie sein Ex-Minister Léon Bertrand und sein Freund Gaston Flosse, Ex-Präsident von Polynesien wegen Korruption und weiterer Vergehen / Affären mit Bernard Kouchner (Buch) und Frédérich Mitterrand (Buch und Polansky) sowie Eric Woerth: Alle sind Minister in der Regierung von Sarkozy / Betrug und Unregelmäßigkeiten bei den Wahlen in Paris, Carcassonne, Trèbes oder Perpignan / langjährige und sehr fragwürdige Beziehungen afrikanischer Diktatoren wie Khadafi, Mugabe, Omar Bongo … zu französischen Präsidenten, eingeschlossen zu Herrn Sarkozy /…) und so weiter.

Oben genannte Staaten sind natürlich Mitglied der G-20, deren politische Führer die Welt reformieren und besonders die Weltwirtschaft moralisieren wollen. Und wann fangen Politiker an, sich selbst und die von ihnen betriebene Politik zu moralisieren, um künftige Skandale, Affären und Krisen zu vermeiden (siehe oben)? Es ist höchste Zeit! In einer Krise lohnt es sich anscheinend mit Worten auf Steuerparadiese, Trader, Spekulanten, Bankiers, Top-Manager und natürlich den Kapitalismus einzuschlagen, um das eigene Image aufzupolieren und unkritisch in den Spiegel zu schauen. Außerdem fragt man sich allen Ernstes, ob Politiker die richtigen Leute sind, um den Zeigefinger zu heben und den (Welt-)Moralapostel zu spielen? Wieso kann man nicht einfach die Immunität der Politiker (wie etwa bei Silvio Berlusconi am 07.10.2009) und das berüchtigte Staatsgeheimnis, hinter dem man sich versteckt, wenn es schwierig wird, im Interesse wirklicher Demokratie und Vermeidung politischer Krisen aufheben?

Wäre es außerdem vorstellbar, dass bestimmte Spitzenpolitiker die aktuelle Weltkrise benützen oder gar instrumentalisieren, um ihre Machtsphäre auch über die Ökonomie (Weltwirtschaft) auszudehnen, indem sie die wirtschaftliche Führungselite teilweise frontal angreifen (angegriffen haben)?

Auch Politiker haben sehr wohl verstanden : Ohne starke Wirtschaft gibt es keine starke Politik und somit keine einflussreichen Politiker.

Kluge Politiker haben überdies längst festgestellt, dass flankierende politische Maßnahmen wie etwa Konjunkturspritzen, »neue« Spielregeln für Finanzmärkte, Teilfinanzierung der Ramschanleihen (Subprimes) oder vorgezogene Sozialprogramme langfristig nicht genügen, um die komplexen weltweiten Technologie-, Finanz- und Wirtschaftssysteme (Globalisierung) am Laufen zu halten.

Die aktuelle Finanz-, Wirtschafts-, Sozial- und Staatsverschuldungskrise ist ein schmerzhafter Ausdruck der überfälligen und immer wiederkehrenden ökonomischen Reinigungsprozesse, welche nötig sind,

um die Weltwirtschaft von Neuem auf eine gesündere und konkurrenzfähigere Grundlage zu stellen. Die weltweiten Selbstreinigungsprozesse könnten jedoch von einer klugen Weltpolitik begleitet und die Auswüchse entweder vermieden oder signifikant abgeschwächt werden.

Es ist ja illusionär oder gar naiv zu glauben, die globale Marktwirtschaft beziehungsweise die Globalisierung könne eine Art immerwährendes Gleichgewicht erreichen, in dem sich nie wieder Krisen oder Weltkrisen ereignen würden. In der Weltwirtschaft wird es immer Schwankungen geben, die wir als Krisen empfinden und erleben.

Eine Krise bedeutet ja nicht, dass die weltweiten technologischen, finanziellen und wirtschaftlichen Systeme verschwinden. Krisen können auch wie Jungbrunnen funktionieren, in denen sich die Weltsysteme verändern und erneuern können. Zudem schärft die aktuelle Krise das Bewusstsein für mehr soziale Gerechtigkeit, eine bessere weltweite Einkommensverteilung und einen behutsameren Umgang mit der Umwelt.

DIE WELTKRISE AUS ASIATISCHER und AMERIKANISCHER SICHT

ASIEN

Lessons for the west from Asian capitalism
from Prof. KISHORE MAHBUBANI, Singapore
(Financial Times 2009)

»Asian elites have always looked at the world differently from western elites. And after this crisis is over, the gap in perspectives will widen.

84

Asians wil naturally view with caution any western advice on economics, particularly because most Asians believe that the crises has only vindicated the Asian approach to capitalism.

To be accurate, there is more than one Asian approach. China's economy is managed differently from India's. Yet neither China nor India has lost faith in capitalism, because both have elites who well remember living with the alternatives. The Chinese well remember the disasters that followed from the Maoist centrally plannend economy. The Indians well remember the slow ›Hindu rate of growth‹ under Nehruvian socialism.

The benefits of the free market to Asia have been enormous: increased labour productivity, efficient use and deployment of national resources, a tremendous increase in economic wealth and, most importantly, hundreds of millions have been lifted out of absolute poverty. Just look at Chinese history through Chinese eyes. From 1842 to 1979, the Chinese experienced foreign occupation, civil wars, a Japanese invasion, a cultural revolution. But after Deng Xiaoping gradually instituted free market reforms, the Chinese people experienced the fastest increase so far in their standard of living.

The desire for an orderly society is deeply ingrained in the psyche of all Asians, which helps explain why virtually all Asian states hesitated to copy America in deregulating their financial markets. Instinctively, they felt government supervision remained critical.

This was equally true in India's democratic system and in China's Communist party system. It is telling that, while Y.V. Reddy, India's former central bank governor, was occasionally vilified by his country's media for holding back on deregulation, he has now become a national hero. His stance saved India from the worst effects of the crisis.

China was equally wary of deregulation. Indeed the Chinese leaders may have understood earlier than most that America was building a house of cards with its reckless creation of derivates. Gao Xiqing, an adviser to Zhu Rongji, then Chinese premier, said in 2000 that ›if you look at every one of these (derivative) products, they make sense. But in aggregate, they are bullshit. They are crap. They serve to cheat people.‹ Mr Gao said all this while Alan Greenspan, as chairman of the US Federal Reserve, was waxing eloquent about the economic value of derivatives.

Asian culture has been honed by centuries of hard experience, which explains why Asians save more. All Asian societies have memories of turbulent times. They know from experience the importance of preparing for the bad days that follows the good. Most Asian friends of mine find it inconceivable that some Americans can live from pay-cheque to pay-cheque. ›But what happens if you lose your job?‹ they ask.

The Asian financial crisis of 1997–1998 may have been a blessing in disguise. The failure of the International Monetary Fund and western policies confirmed in Asian minds that they had to create their own safety mechanisms for economic downturns. Thus began a decade-long exercise of accumulating foreign reserves. China's went up from nearly $ 145bn at the end of 1998 to almost $ 2,000bn at the end of 2008. India's went up from $ 27.83bn in early 1998 to $315.6bn in June 2008. This enormous pool has helped to protect Asian societies as they hunker down for the storm. And when this storm is over, we should not be surprised to discover that the greatest global believers in capitalism will be in Asia. But it will be an Asian mix of capitalism, not the western formula, that will become the dominant form of global capitalism, where the ›invisible hand‹ of free markets will be balanced by the ›visible hand‹ of good governance.

The Asian mix may have its own weakness. Asia is still underperforming in creativity and innovation. Corruption will remain a serious problem.

The Asian emphasis on the family unit may also be a mixed blessing. Many of Asia's most successful entrepreneurs are keen to retain family control of the business. This enables them to take a long-term view. But the downside is nepotism and the lack of a deep culture of meritocracy. However, on balance, the strengths of Asian capitalism are greater than the weaknesses. Within a decade Asians will have some of the largest free trade areas, including those between China and the Association of South East Asian Nations, the Japan-Asean FTA, and the Indian-Asean FTA that is likely to be set up.

Recent history has taught Asians a valuable lesson: more trade leads to greater prosperity. In the Asian way – two steps forward, one step back – trade barriers will gradually come down. By the middle of the 21st century, intra-Asian trade will far surpass that of any other region. Despite this, there will be no ideological trumpeting of the virtues of Asian capitalism. After their experiences of the past 100 years, Asians are wary of ideology. They prefer the simple, commonsense approach of learning from experience and they will heed the advice of the political economist Adam Smith, who said that prudence is ›of all virtues that which is most usefull to the individual‹. It may also be helpful to nations.«

(Kishore Mahbubani is dean of the Lee Kuan Yew School of Public Policy at the National University of Singapore)

AMERIKA

Do not let the »cure« destroy capitalism
from Prof. Gary BECKER and Prof. Kevin MURPHY
Chicago
(Financial Times 2009)

»Capitalism has been wounded by the global recession, which unfortunately will get worse before it gets better. As governments continue to determine how many restrictions to place on markets, especially financial markets, the destruction of wealth from the recession should be placed in the context of the enormous creation of wealth and improved well-being during the past three decades. Financial and other reforms must not risk destroying the source of these gains in prosperity.

Consider the following extraordinary statistics about the performance of the world economy since 1980. World real gross domestic product grew by about 145 per cent from 1980 to 2007, or by an average of roughly 3.4 per cent a year. The so-called capitalist greed that motivated business people and ambitious workers helped hundreds of millions to climb out of grinding poverty. The role of capitalism in creating wealth is seen in the sharp rise in Chinese and Indian incomes after they introduced market-based reforms (China in the late 1970s and India in 1991). Global health, as measured by life expectancy at different ages, has also risen rapidly, especially in lower-income countries.

Of course, the performance of capitalism must include this recession and other recessions along with the glory decades. Even if the recession is entirely blamed on capitalism, and it deserves a good share of the blame, the recession-induced losses pale in comparison with the great accomplishments of prior decades. Suppose, for example, that the recession turns into a depression, where world-GDP falls in 2008 – 2010 by 10 per cent, a pessimistic assumption. Then the net growth in world-GDP from 1980 to 2010 would amount to 120 per cent, or about 2.7 per cent a year over this 30-year period. This allowed real per capita incomes to rise by almost 40 per cent even though world population grew by roughly 1.6 per cent a year over the same period.

Therefore, in devising reforms that aim to reduce the likelihood of future severe contractions, the accomplishments of capitalism should be appreciated. Governments should not so hamper markets that they are prevented from bringing rapid growth to the poor economies of Africa, Asia and elsewhere that have had limited participation in the global economy. New economic policies that try to speed up recovery should follow the first principle of medicine: do no harm. This runs counter to a common but mistaken view, even among many free-market proponents, that it is better to do something to try to help the economy than to do nothing. Most interventions, including random policies, by their very nature would hurt rather than help, in large part by adding to the uncertainty and risk that are already so prominent during this contraction.

Government reactions have demonstrated the danger that interventions designed to help can exacerbate the problem. Even though we had well-qualified policymakers, we have gone from error to error since August 2007.

The policies of George W. Bush and Barack Obama administrations violate the ›do no harm‹ principle. Interventions by the US Treasury in financial markets have added to the uncertainty and slowed market responses that would help stabilise and recapitalise the system. The government has overridden contracts and rewarded many of those whose poor decisions helped create the mess. It proposes to override even more contracts. As a result of the Treasury's actions, we face further distorted decision-making as government ownership of big financial institutions threatens to substitute political agendas for business judgments in running these companies. While such dramatic measures may be expedient, they are likely to have serious adverse consequences.

These problems are symptomatic of three basic flaws in the current approach to the crisis. They are an overly broad diagnosis of the problem, a misconception that market failures are readily overcome by government solutions and a failure to focus on the long-run costs of current actions.

The rush to ›solve‹ the problems of the crisis has opened the door to government actions on many fronts. Many of these have little or nothing to do with the crisis or its causes. For example, the Obama administration has proposed sweeping changes to labour market policies to foster unionisation and a more centralised setting of wages, even though the relative freedom of US labour markets in no way contributed to the crisis and would help to keep it short. Similarly, the backlash against capitalism and ›greed‹ has been used to justify more antitrust scrutiny, greater regulation of a range of markets, and an expansion of price controls for healthcare and pharmaceuticals. The crisis has led to a bail-out of the US car industry and a government role in how it will be run. Even one of the most discredited ideas, protectionism, has gained support under the guise of stimulating the economy. Such policies would be a mistake. They make no more sense today than they did a few years ago and could take a long time to reverse.

The failure of financial innovations such as securities backed by sub-prime mortgages, problems caused by risk models that ignored the potential for steep falls in house prices and the overload of systemic risk represent clear market failures, although innovations in finance also contributed to the global boom over the past three decades.

The people who made mistakes lost, and many lost big.

Institutions that made bad loans and investments had large declines in their wealth, while investors that funded the institutions without proper scrutiny have seen their wealth cut in half or much more. Households that overextended themselves have also been badly hurt. Given the losses, actors in these markets have a strong incentive to correct their mistakes the next time. In this respect, many government actions have been counterproductive, shielding actors from the consequences of their actions and preventing private sector adjustments. The uncertainty from muddled Treasury policy on bank capital and ownership structure, the willingness of the government to change mortgage and debt contracts unilaterally and the uncertain nature of future regulation and subsidies help prevent greater private recapitalisation. Rather than solving problems, such policies tend to prolong them.

The US stimulus bill falls into the same category. This package is partly based on the belief that government spending is required to stimulate the economy because private spending would be insufficient. The focus on government solutions is particularly disappointing given its poor record in dealing with crisis in the US and many other countries, such as the aftermath of Hurricane Katrina and failure effectively to prosecute the war in Iraq.

The claim that the crisis was due to insufficient regulation is also unconvincing. For example, commercial banks have been more regulated than most other financial institutions, yet they performed no better, and in many ways worse. Regulators got caught up in the same bubble mentality as investors and failed to use the regulatory authority available to them.

Output, employment and earnings have all been hit by the crisis and will get worse before they get better. Nevertheless, even big downturns represent pauses in long-run progress if we keep the engines of long-term growth in place. This growth depends on investment in human and physical capital and the production of new knowledge. That requires a stable economic environment. Uncertainty about the scope of regulation is likely to have the unintended consequence of making those investments more risky.

The Great Depression induced a massive worldwide retreat from capitalism, and an embrace of socialism and communism that continued into the 1960s. It also fostered a belief that the future lay in government management of the economy, not in free markets. The result was generally slow growth during those decades in most of the undeveloped world, including China, the Soviet bloc nations, India and Africa.

Partly owing to the collapse of the housing and stock markets, hostility to business people and capitalism has grown sharply again. Yet a world that is mainly capitalistic is the ›only game in town‹ that can deliver further large increases in wealth and health to poor as well as rich nations. We hope our leaders do not deviate far from a market-oriented global economic system. To do so would risk damaging a system that has served us well for 30 years.«

(Gary Becker and Kevin Murphy are professors of economics at the University of Chicago, USA. Prof. Becker was awarded the 1992 Nobel prize in economics)

CHRONIK DER WICHTIGSTEN WELTWIRTSCHAFTS-KRISEN: 1857, 1873, 1929 und 2008

Die Weltwirtschaftskrise 1857

Zahlreiche Unternehmen und Banken melden Konkurs oder Insolvenz an. Arbeitslosigkeit und große Armut breiten sich aus. Die erste Weltwirtschaftskrise der Geschichte zeigt ihr hässliches Gesicht. In den USA müssen Banken schließen, in Europa und insbesondere in Großbritannien melden große Handelshäuser Konkurs an. Bis nach Südamerika und Asien etwa in Indonesien oder Indien sind die Auswirkungen der ersten Weltwirtschaftskrise zu spüren.

Die Krise fing in Russland an. Nach dem Ende des Krimkrieges 1856 kamen die russischen Bauern nach Europa zurück, um ihre Waren zu verkaufen. Die amerikanischen Farmer, die bis 1856 Europa mit Weizen versorgt hatten, blieben nun auf ihrer Ernte sitzen. Der Preis auf dem amerikanischen Markt brach zusammen. Die Finanzströme über den Atlantik versiegten allmählich. Somit wurde das nötige Geld für die expandierende amerikanische Wirtschaft knapp. Die Ohio Life and Trust Company in den USA hatte sich beim Handel mit Anleihen für zweifelhafte Eisenbahnprojekte verspekuliert, und die Bank musste Konkurs anmelden. In der Folge brach am 24. August 1857 die eigentliche Weltwirtschaftskrise aus. Die Börsenkurse stürzten ab, zahlreiche amerikanische Banken gingen Pleite.

Aus der Agrarkrise wurde eine Börsenkrise, dann eine Kreditkrise und schließlich eine Handelskrise, die Europa und weitere Kontinente dank der Telegrafie blitzschnell erreichte.

Die erste Weltwirtschaftskrise brach unerwartet und in voller Wucht aus, konnte indes schnell eingedämmt werden. Bereits Ende 1857 gaben amerikanische Banken wieder neue Kredite aus und am Ende des Jahrzehnts wurden die alten hohen Wachstumsraten wieder erreicht.

Die Weltwirtschaftskrise 1873

Zum zweiten Mal hat sich eine Weltwirtschaftskrise rasend schnell über den Globus ausgebreitet. Innerhalb kürzester Zeit fallen an den Weltbörsen die Aktienkurse um 30 bis 40 Prozent. Rund 18.500 Unternehmungen in den USA müssen Konkurs anmelden.

Die Weltwirtschaftskrise von 1873 entwickelte sich zur schwersten Krise des 19. Jahrhunderts: Nahezu ein Jahrzehnt stagnierte die Weltökonomie. Die Überproduktion der Industrie löste die Rezession aus, weil neue technische Methoden und Verfahren bei der Herstellung von Stahl und Roheisen zu einem immensen Überangebot auf den Absatzmärkten geführt hatten. Die Preise stürzten ab. Und die Krise wurde durch das Platzen der Spekulationsblase an den Aktienbörsen noch zusätzlich verschärft.

Nicht nur die Arbeitslosenzahlen in vielen Ländern stiegen dramatisch an, sondern auch die Armut und Misere. In der Folge flüchteten viele Arbeiter mit Familien nach Übersee. Die zweite große Emigrationswelle des 19. Jahrhunderts setzte ein.

Die Weltwirtschaftskrise 1929

Donnerstag der 25. Oktober 1929, als die Aktienkurse an der New Yorker Börse um nahezu 14 Prozent an einem Tag fallen, gilt als der Tag, an dem die neue Weltwirtschaftskrise begann. Infolge der Zeitverschiebung spricht man in Europa vom »Schwarzen Freitag«. Auf die Rezession folgt eine vier Jahre dauernde Depression, welche erst 1933 ihren Tiefpunkt erreicht. Die Arbeitslosenzahl zum Beispiel in Deutschland steigt auf fast neun Millionen Menschen. Die Krise wird auf Fotos festgehalten, die rund um die Welt gehen. Die Horrorbilder – amerikanische Anleger stürmen die New Yorker Börse und Banken, eine nicht aufhörende Schlange von arbeitslosen Menschen steht nach einer Suppe an, Armut und Misere so weit das Auge reicht – graben sich tief ins kollektive Gedächtnis ein.

Die eigentliche Rezession begann nicht erst am 25. Oktober 1929, sondern lange vorher. Der amerikanische Markt für Konsumgüter wie etwa Möbel, Kühlschränke, Radios oder Autos war längst gesättigt. Die USA waren damals nicht nur der größte Exporteur der Welt, sondern auch deren größter Gläubiger. Der weltweite Handel kam deshalb in eine gefährliche Schieflage. Der anschließende Börsencrash löste eine weltweite Panikreaktion aus. Viele Spekulanten verloren ihr gesamtes Vermögen. Die US-Industrieproduktion halbierte sich. Das Volumen des Welthandels nahm um rund zwei Drittel ab und das Vertrauen in den Kapitalismus wurde schwer beschädigt. Weltweit reagierten die Regierungen hilflos, und ein koordiniertes Vorgehen der Staaten gegen die Weltwirtschaftskrise gab es nicht.

Weltpolitisch waren bereits die Weichen gestellt: In den Vereinigten Staaten von Amerika etwa entstand eine neue demokratische Welle. Mit der Politik des»New Deal« von Präsident Roosevelt wurden künftig staatliche Investitionen mit Fremdschulden finanziert. Diese Vorgehensweise fußt auf der Theorie des englischen Ökonomen John Maynard Keynes.

In Deutschland entstand keine neue demokratische Welle, sondern die Nationalsozialisten unter Hitlers Führung übernahmen die Macht mit den uns bekannten Fogen.

Die Weltwirtschaftskrise 2008

Mitte 2007 platzt in den USA die Immobilienblase. Hypothekenfinanzierer melden Insolvenz oder Konkurs an. Banken müssen hunderte von Milliarden Dollar auf Ramschanleihen (Subprime-Kredite) abschreiben und zahlreiche Hedgefonds brechen zusammen. Der erste Notfallplan (Paulson Plan in den USA) wird verabschiedet. Europäische, russische und asiatische Staaten stützen in der Folge ebenfalls ihre Banken und Kreditinstitute und legen massive wirtschaftliche Ünterstützungspakete auf.

Die von der Bush-Regierung »verursachte« Lehman Brothers-Pleite September 2008 entfachte eine nicht vorhergesehene weltweite Kettenreaktion: Aus der Immobilien- und Subprime-Krise wurde eine Finanz- und Börsenkrise, welche eine Interbanken-(Kredit-)Krise auslöste. Auf die

Kreditkrise folgten die Wirtschafts- und Handelskrisen sowie später die Sozialkrise. Die negativen Folgen all dieser Krisen verursachten zusätzlich eine dramatische Staatsverschuldungskrise in vielen Ländern der Welt, insbesondere in den USA, Japan, Großbritannien, Spanien, Frankreich, Griechenland, Portugal und so weiter.

Der Welthandel bricht ein, allein in den USA gehen 2008 rund 50.000 Unternehmen Pleite und für das Jahr 2009 werden schätzungsweise 60.000 US-Firmen definitiv den Betrieb einstellen. Die Zahl der **neuen** Arbeitslosen steigt weltweit auf über 75 Millionen. Ganze Länder stehen vor dem finanziellen und wirtschaftlichen Zusammenbruch. Die Weltwirtschaftskrise zeigt einmal mehr die Schwachstellen der Globalisierung: die Überproduktion der globalen Autoindustrie, die offensichtliche Exportabhängigkeit großer Staaten wie etwa Japan oder Deutschland, die Abhängigkeit von großen Absatzmärkten wie denjenigen in China, in den USA, Europa oder Indien, das gigantische Haushalts- und Handelsdefizit der USA, die sehr empfindlichen weltweiten Finanzsysteme, die ungenügenden fachkompetenten globalen Kontrollorgane und so weiter.

Und nach längerem Zögern entschließen sich die Industriestaaten zu einem koordinierten Vorgehen, um wenigstens Deflation und Depression (die letzte Phase der Krisenkette) zu verhindern.

EPILOG

Eine Weltkrise ist dann beendet, wenn nicht nur die Finanz- und Wirtschaftskrise, sondern auch die Sozial- und Staatsverschuldungskrise beendet sind.

Diesmal sollte das »Business as usual«, wie nach jeder überstandenen Krise, vermieden werden.

Darum sind wichtige und dringende globale (weltweite) Reformen angesagt. Die Schwerpunkte der globalen Reformen sollten auch durch die letzte Enzyklika des Papstes »Caritas in veritate« beeinflusst werden, das bedeutet: mehr Gerechtigkeit, mehr Gemeinwohl und mehr Verantwortungsethik in Politik und Wirtschaft.

Werden die im Buch aufgeführten Vorschläge und zum Teil konkreten Lösungsansätze mit den richtigen Leuten kurz- und mittelfristig umgesetzt, könnte ein weltweiter Wirtschaftsboom in ungeahnter Dauer, Tiefe und Breite entstehen.

Wenn schließlich eine fairere Verteilung der Reichtümer und ein behutsamerer Umgang mit der Natur weltweit akzeptiert würde, könnte die Mehrheit der Menschheit Nutznießer dieser ungewöhnlichen globalen Entwicklung werden.

SCHRIFTEN DES AUTORS

- Die mittelfristige 3-Jahres-Finanzplanung im Rechnungswesen der Firma Holland AG (eine betriebswirtschaftliche Arbeit). 1978
- Rapides Wirtschaftswachstum als Destabilisierungsfaktor. Studien zur Politischen Wissenschaft, Universität Zürich, Schweiz; Mitautor: Adrian Oswald, Schweiz (eine politologische Forschungsarbeit). 1978
- Simulationsspiele innerhalb der Politischen Wissenschaften (eine politologische Arbeit). 1978
- Multinationale Unternehmen und Entwicklungsländer. Theorie – Konfliktbereiche – Lösungsvorschläge, Universität Zürich, Mitautor: Mario Kyd, USA (eine mikro-makro-ökonomische Forschungsarbeit). 1979
- Die betriebswirtschaftlichen Aspekte der Forschung und Entwicklung in der Privatwirtschaft, Universität Zürich, Schweiz; Mitautor: Mario Kyd, USA (eine betriebswirtschaftliche Forschungsarbeit). 1979
- Controlling im Detailhandel – konkretisiert am Beispiel schweizerischer Detailhandelskonzerne, Universität Zürich, Schweiz (eine betriebswirtschaftswissenschaftliche Forschungsarbeit). 1988
- Managementlehre. Lehrbuch für höhere Handelsschulen in der Schweiz; Mitautor: Peter Osterop. 1995
- Südfrankreich – ein Traum wird wahr. Edition Fischer im R.G. Fischer Verlag, Frankfurt am Main, Deutschland (eine autobiographische Erzählung). 2001 ISBN 3-8301-0137-6 / SG: 59. oder erhältlich im Internet: Amazon.de; Buch.ch; Sound Media CH.
- CHINA – Der Gelbe Riese: Vergangenheit – Gegenwart – Zukunft. Bücher sind erhältlich im Verlag: Edition Osterop Spuhler, 11800 Floure, Frankreich 2006 oder im Internet Lulu.com ID: 1359758 unter Wirtschaftswissenschaften.
- Magazine: Opinionis International 2006 und 2007. Zeitschriften sind erhältlich im Verlag: Edition Osterop Spuhler, 11800 Floure, Frankreich.

- Antwort auf die aktuelle Weltkrise und Vermeidung neuer Krisen (eine kritische ökonomisch-politische Analyse des aktuellen Weltgeschehens). Im Verlag: BoD Books on Demand, 22848 Norderstedt, Deutschland. 2010 ISBN 978-3-8423-9670-8